龍星の羅針盤

～迷い迷いて螺旋《らせん》の道を

濁川 孝志

でくのぼう出版

『龍星の羅針盤 ～迷い迷いて螺旋の道を』の推薦文

東京大学名誉教授　矢作直樹

本書は、濁川先生のこれまでの人生で悩み迷いが生じた時に心の支えになり羅針盤になって進むべき方向を示してくれた物語のオムニバスです。本の構成は特徴的で、以下2つの章にまとめられています。2章『長い旅の途上』では、ご自身が進む方向を定められて人生の旅路を確たる足取りで歩まれているのですが、それに至るまでの長い心の遍歴を、1章『揺れる』にてご自身の学びを交えながら考察されています。

濁川先生は、体育学部で一生涯の恩師栗本閲夫先生と出会われました。そして体育学の大学院まで出られて、9年間私立大学で体育学の教師、研究者として働かれました。そのおかげで1988年に立教大学一般教育部助教授に採用されました。

ここでやがて先生に転機が訪れます。はじめは、健康科学や身体科学の研究をされていたのですが、ご自身の息子さんの〝心の闇〟を契機として研究対象が霊性にシフトしていかれました。まさに息子さんが父親である先生に生きていく上で最も大切な霊性に目を見開かせる役目をなされてきました。

息子さんの問題から目を背けずに真摯に向き合い、ともに考え悩み苦しみ、そしてその果てに光を見つけてその方向に進んでこられたことが本書に語られています。人生で最も堪えるのは身内の不調です。生来、優しく従順だった息子さんが中学生の頃から徐々に様子が変わり、反抗するようになり、そして大学生時代にとうとう引き籠りになってしまいました。そこから先生ご自身が心のブレイクスルーをし、息子さんのおかげで今の先生があることに気づかれたのです。

先生は語られています。「自分は本当に無力だ、ということを思い知らされました。そして、世の中には深い悩みの淵にあり、もがき苦しんでいる人がいるんだ、という事実を身をもって体験しました。以降、人の悩みや弱さに思いを馳せ、出来る限りそれに寄り添おうとする自分がいます。以前より優しく、そして謙虚になった自分がいます。すると、世の中の全ての存在の見え方が少し変わりました。上手く言えないのですが、簡単に言うと〝愛おしく〟見えるのです。人はもちろんのこと、傍らにある名もない花や樹や鳥たちまでがとても愛おしく思えるのです。」と。

先生がその境地に達したときに、息子さんも変わられました。

そして、つい最近、母上様が他界されました。それを感謝の気持ちで受容されたことが述べられています。

本書の帰結は、「感謝して全てそのまま丸ごと受け入れる」です。

さて、先に答えを申し上げてしまいましたが、そこに至るまでの遍歴が実に様々で、一つひとつのエピソードがそれだけで物語になっています。

はじめに帰結点の一つである、霊性の理解への問いかけ、すなわち魂の永続性に思い致せば人生に起こる様々な出来事を受け入れられるという信念と、その信念が揺らぐことの繰り返しがご自身の人生だったと正直に告白されています。

そして、その信念の裏打ちを求めて、様々な人の考えや、催眠誘導による過去世退行、交霊、など広範なジャンルに踏み込んで思索を深められました。特に本書のモチーフになる星野道夫と龍村仁を人間が自然と調和を保って存在する上での確たるビジョンの羅針盤とし、宮澤賢治の『雨にも負けず』を唱える中で、先生が長年奉職された立教大学の設立者ウィリアムズ主教の「道を伝えて己を伝えず」がご自身の役割だと思い至られました。

しかし、その良き「道を伝える」人になるには道への深い理解、つまり腑に落ちている必要があります。先生は、本書でも明らかにされているご自身の「不思議な体験」や、若い頃からの登山・スキーやカヌーをはじめ大自然での豊かな経験を通じて自然との共生を実感されていたからこそ、その思索を深め、良き「道を伝える」人としてあり得たのだと思います。

濁川先生の様々なジャンルにおけるエピソードが満載で興味が尽きません。読者の方々が本書を読み終えた時に、オムニバスに共通する大自然の中での生活に、生きる喜びを知り、霊性を見出した著者とその感覚を共有されることと確信します。

にご先生への手紙

龍星の羅針盤を読んで

俳優　榎木孝明

にご先生へ

やっと先生の時代が、あえて仲間に入れてもらえるならば、私たちの時代がやってきますね。すぐそこまで霊性（スピリチュアリティー）を日常で語れる時代が来ているのに、今はその産みの苦しみの時代でもあります。

ウクライナ戦禍の目処は立たず、イスラエルとパレスチナの終わりのない戦いが続き、目を覆いたくなるような惨劇に心が痛みます。合わせて世界各地で起きる天候異変による自然災害。時代が大きく変わろうとしている今、その不安定期に入ったとすれば、世界中に様々な葛藤が溢れるのは通過儀礼的な出来事で、仕方のないことかもしれません。

でも間違いなくすべては新しい方向に変わっていくでしょう。それは止めようのない宇宙の自然な流れだからです。私たちが直面している問題はどんな問題であれ、必ず終わりが来ると信じます。信じる事は、人に与えられた素晴らしい能力だと思います。

時々、先生を羨ましく思います。それは霊性を語り、それを飯の種に出来ているからです。私のいる芸能の世界では、それを前面に出すといまだに仕事に影響があります。そちら系の人とのレッテルが貼られて仕事が限定的になるからです。それももうしばらくの我慢だと思いますが。

どうぞこれからも霊性豊かな人として私の数歩前を走り、範を示し続けてください。私もいつか併走出来るように精進したいと思います。

榎木孝明

目次

1章　揺れる

目次

2章　長い旅の途上

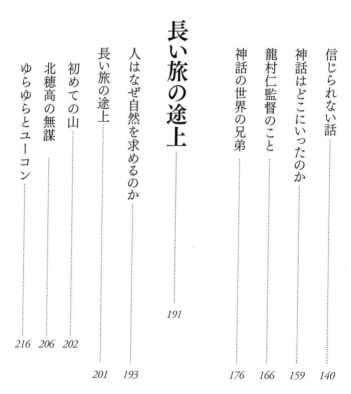

目　次

はじめに

　これまで、どれだけ迷って生きてきたことか。人生どれだけ悩んで、揺れたことか。その度に誰かの言葉、誰かの文章、そして誰かの親切に救われてきました。自然からも多くの事を学びました。時に、何かを悟ったと勘違いして、もう大丈夫だと思ったこともあります。しかしそんな見せかけの悟りはいとも簡単に揺らぎ、迷いの中に舞い戻る自分がいました。その繰り返しで、ここまで生きてきたように思います。そして、もうすぐ古希を迎える僕です。ここへ来て、少しは見えてきたのかなあ。生きる意味と自分に与えられた仕事みたいなものが。この本を書いているのも、その仕事のひとつです。

　僕が迷った時、悩んだ時、揺れた時、そんな時に心の支えとなり、羅針盤のように方向を示してくれたいくつかの物語を、ここに紹介します。物語といっても、本の中の物語もあれば、直接ご本人から伺ったエピソードやその人の言動から僕が感じ取った話もあります。そして僕自身の物語や、思い出に残る旅の話もあります。

これらの物語が、これまでの僕と同様、人生に戸惑う多くの人にとって自分を見つめ直し、自分を受け入れ、人生の軸を作るためのヒントになるなら、こんなに有り難いことはありません。では、自分の物語から始めたいと思います。

1章　揺れる

僕を霊性に導いたもの

もうすぐ古希に手が届こうという年齢になりました。自分では若いつもりでいても、世間から見ればもう立派な老人です。この先何年生きるか分かりませんし、長生きしたいとも思いません。むしろ、早くお迎えが来てくれれば楽になれるな～というのが正直なところです。そんな僕ですが、この辺で一度自分の人生を振り返ってみようと思います。なぜ自分が霊性という深遠なものに興味を持ったのかも含めて、自分の人生を辿ってみたいと思います。こんなふうに思うこと自体、年寄りになった証拠ですね。まあ、それもいいでしょう。年寄りの話に付き合ってください。少しは何かの参考になるかもしれません。

幼少期の僕は、少し変わった子供だったと思います。いつもではないのですが、時折生きていることに漠然とした無常観を感じる、そんな変な子供でした。虫捕りが大好きで昆虫博士なんてあだ名がついた僕ですが、ついさっきまで生きていたトンボが今はもう動かない。飼っていたキリギリスが、ある朝虫籠の中で冷たくなっている。金魚が水槽で仰向けに浮いて動かない。寝込んでいた祖父がある時家族の見守る中、家で息を引き取る。そんな経験からか……死に対する漠然とした不安、恐れ、そして変な言い方ですが強い興味、もっと言うと憧れのような感情がありました。今でも何故かデジャヴのように思い出すその情景は、夏休みの気だるくて退屈な昼下がり、一人自宅の部屋にぽつねんといて、何故かどうしようもない孤独感に襲われている自分がいるのです。理由はよく分かりませんが、ふとした瞬間に、そんな感情が湧き出すのです。何とも言えない虚無感に胸が押しつぶされそうになり、一人で狭い部屋にいることに耐え切れず、逃げ出すように外に出て浅い呼吸をしながらただ青い空を見ている自分。小学校低学年の頃だったと思います。僕は、特別変な子供だったのでしょうね。もしかしたら自分の前世と関わりがあるのかもしれませんが、僕は今でも窓のない狭い空間が凄く苦手です。

息苦しくなる時さえあります。そしてこれは今も変わらず、とても寂しがり屋です。

一方、夜空の星を見上げるのが大好きで、生まれ故郷の海辺の町の星空を時間を忘れて見上げていました。そんな時頭をよぎるのは、この夜空はどこまで続いているのだろう。宇宙に果てがあるとしたら、その先には何があるのだろう、というやはり答えの出ない問いでした。そして面白いことに、宇宙に人間以外の他の生命が存在することを何故か確信していました。ただ、その生命というのは、いわゆる現代科学が言うような生命ではなく、意識体というか……例えば、音とか、時間とか、長さとか、……そんなモノさえもが意識を持って存在している……そんな摩訶不思議な宇宙を思い浮かべていました。子供の頃から、森羅万象の背後に潜む神秘に強い憧れを持っていたように思います。

家族は両親と弟と僕の4人暮らし。両親の夫婦仲があまり良くなく、父親が短気で時に母に暴力を振るうこともありました。幼い頃、そんな両親の姿をハラハラしながら弟と一緒に身が縮む思いで見ていた記憶があります。子供心にも、将来家庭を持ったら絶対に奥さんに暴力は振るわない、と固く心に誓ったものです。そのころの僕は慢性的に漠然とした不安、心が十分に満たされない感覚を持っていたように思います。僕の寂しがり屋の性格は、もしかしたらこんな家庭環境が影響しているのかもしれません。そんな父親も人生の後半は丸くなり、晩年は穏やかだったようです。

中学時代の僕は優等生で、成績はいつもトップクラスでした。それは頭が良かったのではなく、それなりに勉強した結果です。というのも、高校に入り全然勉強をしなかった僕の成績は見事に急降下し、よくできたのは体育となぜか好きだった英語だけでした。席次は、いつも下から2〜3割の位置を着実にキープしていたと思います。それでも僕の高校生活はいたってハッピーで、部活と友達を生きがいに、学校に行くのが毎日楽しみでしかたなかった記憶があります。本当にハッピーで能天気な善き日々でした。あの頃は日本全体が高度経済成長の真只中にあり、貧しくても自分の将来や社会に対する不安は今ほど無かったように思います。因みに僕の高校は、新潟県立柏崎高校。そう、北朝鮮による拉致事件で有名になった蓮池薫君の母校。彼は僕の2年後輩です。

高校時代には楽しい思い出がたくさんあるのですが、面白いエピソードを一つ紹介します。それは、高校3年生の時の放課後の教室でした。仲の良かった2人のクラスメイトに誘われ、当時流行の少し怪しいゲームをしました。〝狐狗狸《こっくり》さん〟というのは、3人の人間が五十音図の上で一つの硬貨を人差し指で押さえます。そして、『狐狗狸さん、狐狗狸さん、教えてください』と唱えて未来の事などを聞くと、指が五十音図の上を勝手に動いて教えてくれるのです。その時僕は、自分の将来の職業を尋ねました。すると自分の意志とは関係なく指が動き出しました。少なくとも、僕にはそのように感じられました。でも、もしかしたら友人2人が動かしていたのかもしれません。そして、十円玉は「き」「よ」「う」「し」とそれぞれの文字の上で止まったのです。〝教師〟です。当時僕は、将来体育の教師になりたいという希望を持っていたので、驚きながらも凄く納得しました。一緒に指を添えた2人の友人にそのことを話すと、彼女たちもビックリしながら喜んでくれました。しかし実をいうと、十円玉に添えられた僕ら3本の指は、もう少し動きたそうな素振りだったのです。指にはもう少し動く気配があったのですが、〝教師〟と出た時点で、僕は納得して止めたのでした。しかし今になって振り返ると……指はさらに「〃」「ゅ」と2回動きたかったのではないでしょうか。つまりは、「きようじゅ」〝教授〟です。当時高校生だった僕に、もちろん教授などという発想は全くありません。あの頃の僕はスピリチュアルな現象など全く信じておらず遊び気分でやったのですが、今になって考えると、あの時の〝狐狗狸さん〟は確かに僕の将来を言い当てていたような気がします。

高校時代の唯一の特技であったスポーツの才能を活かし、僕は順天堂大学体育学部に入学しました。第3志望の大学であり失意の入学だったのですが、浪人よりはましだと思い、ここに決めました。しかし人生何が〝幸い〟するか分かりません。僕はここで、一生涯の恩師と巡り合い、さらに学園祭に遊びに来た現在の妻とも出会いました。順天堂は全寮制で、入学と同時に「啓心寮」に入寮します。一部屋に6人。医学部の学生も一緒でした。当初は気が進まなかった寮生活も慣れると実に快適で、僕は2年生の時には副寮長になり、北杜夫の『どくとるマンボウ青春記』ばりの寮生活を謳歌しました。

それにしても僕ら体育系の人間から見ると医学部の学生は坊ちゃん育ちでどうにも頼りなく、掃除や洗濯など生活に関わる仕事はまったくダメでした。例えば、I君は生まれて初めて洗濯機なるものを使い、1回の洗濯に箱入り洗剤を全て投入したため、その洗濯機は、まもなく悲鳴をあげ洗剤の泡を吹きあげました。またU君が食器を洗った後にそのカップでコーヒーをいれると、必ず洗剤のアブクが浮かんだものでした。2人とも現在は立派なお医者さんですが、僕は未だ彼らに診てもらう勇気がありません。彼らの目から見れば、恐らく僕もかなり変だったはずなのですが、なぜか気がよく合い、僕らは毎晩のように安酒を飲んでは人生論を交わし、将来の夢などを語り合ったのでした。

恩師、栗本閲夫先生と出会ったのは、僕が学部の2年生になった時でした。出会えたのは幸運だったと思います。先生の経歴は並ではありません。もともと順天堂の医学部に入学したのですが、何を血迷われたのか〝体育〟の方が自分に向いていると考え、親の反対を押し切りわざわざ体育学部に編入したのです。理由は、病人を見つめるより健康な若者と向き合う方が楽しそうだから、というものでした。もちろん、先生は病にある人に寄り添うことを蔑《ないがし》ろにしているわけではありません。ましてや、体育教師よりも医者の方が遥かに社会的地位は高く、高収入を得ることもできます。世間の常識にとらわれず、自分の人生を真剣に考えた末出した先生なりの結論でした。並ではありません。体育学部卒業後、先生は米国に渡りオレゴン州立大学でph.D（博士号）を修得され、若くして順天堂の教授に就任されました。日本体育学会においても、異例の若さで要職に抜擢されました。とにかく博識で、スポーツ全般、人文、社会、自然、そして英語からラテン語まで、とにかく大抵の事は先生に尋ねれば答えは返ってきたのです。今のように、ちょっとググれば（ネット検索で）情報が入るような時代ではなかったので、それはそれは有り難い存在でした。性格は至って温厚で、僕は先生が声を荒げた場面を一度も見たことがありません。当時高価だった先生のゴルフクラブを大学院生のO先輩が間違って折ってしまった時も、恐縮しきって詫びるO先輩に先生が掛けた第一声は、『Oよ、ところで君に怪我はなかったのか？』というものでした。僕ら学生は、英語がペラペラで弁も筆も立ち、何でもスマートにこなす先生の才能を、常々羨ましく思っていたものでした。そして先生のアメリカ時代の学友だった東京学芸大学のH教授から『アメリカでの栗本君は、毎日辞書との格闘で、人の何倍も勉強し、血のにじむような努力をしていたのだよ』と伺ったのは、先生が亡くなった後のことでした。栗本先生の言動に〝努力〟という文字は全く似合わず、僕は天賦の才能がなせる業だと考えていたのですが、実は違っていたようです。栗本先生の口癖で今でもよく覚えているのは、『優れた学者は、難しいことを分かり易く説明する。偽者は、簡単なことも難しく説明する』というものでした。だから僕は、いつもできるだけ分かり易い説明を心掛け、分かり易い文章を書こうと思います。格調高い難解な文章は書けません。

大学院修了後、僕は首都圏にある某私立大学に助手として就職しました。ここには9年間お世話になったのですが、どうにも当時の研究室の体質に馴染めませんでした。簡単にいうと学生を大切にせず、上から目線で見下すのです。早くこの職場を辞めたいと考える日々でした。不幸な時代でした。そんな中での一番楽しい思い出は、米国カリフォルニア大学サンタバーバラ校（ＵＣＳＢ）での短期在外研究です。初めて体験する外国生活や国際学会で慌ただしく過ぎた日々でしたが、後に書いた博士論文はこの時の仕事をベースにしたものでした。大学での研究は毎日午後3時頃には終え、日の長いカリフォルニアの夏を満喫しました。楽しかったのはテニスやジョギング、そしてビールにワイン、そして日本から同行した友人との語らいの時間でした。毎晩のようにグラスを傾けながら、飽きもせず将来の夢を語ったものです。そして今思うと、その頃語っていた夢はほぼ全て実現しているのです。言霊の力。やはり口に出して言うことは大切です。

UCSBでの指導教授ドクター・ホバースのことを、僕は初め、〝掃除のおじさん〟と勘違いしました。なにせ彼の格好は、ラフな短パンにTシャツ、サンダル履きなんです。ネクタイを締め緊張している僕にホバースは、『格好なんてどうでもいいんだよ。ちゃんと仕事をしていれば。それにこっちの方が楽で、仕事がはかどるだろう』と言ったのです。いかにも米国らしい合理的な考えですが、僕はこの考えが実に気に入りました。だから今でもその教えを守り、余程フォーマルな時以外はラフなジーンズで通しています。

それまでの研究が評価され、１９８８年に僕は立教大学一般教育部助教授に採用されました。33歳の時でした。この時僕と一緒に採用されたのは、現在の日本サッカー協会会長・田嶋幸三氏です。田嶋君はとても気さくな人柄で、意気投合した僕らはよく酒を飲み交わし、ここでも将来の夢を語ったものです。お互いスポーツ好きで、テニスやスキーを一緒に楽しみました。そんな彼が、ある時『ニゴさん、ちょっと話がある』と僕の部屋を訪ね、『実はサッカー協会の仕事が忙しく、大学の仕事と両立するのが難しくなった。大学に迷惑をかけるわけにはいかないので、立教大学を辞めたいと思う。』と言ったのでした。ショックでした。一瞬目の前が真っ白になり、呆然としたのを覚えています。彼は僕より二つ歳下なのですが、当時とても大切な存在で心から敬愛していました。定年退職するまで同じ職場で働きたいと思っていたのです。『大学の仕事は僕がいくらでもカバーするから、何とか考え直してくれよ』と何度も慰留したのですが、彼の決心を変えることはできませんでした。しかしその時は、まさか彼が日本サッカー協会のトップに昇り詰めるとは思いませんでした。彼の決断は、間違っていなかったようです。

立教大学での僕の研究の中心は、「霊性」に関連する分野でした。しかし移籍した当初は、健康科学や身体科学の研究をしていたのです。興味の中心が霊性にシフトした理由は、自分自身が心に大きな問題を抱えたからです。その問題というのは、具体的には息子が抱えた〝心の闇〟のことです。彼は幼い頃、とても優しい子でした。素直で従順な子でした。一度として、親の言動に不満を唱えたことはありませんでした。今にして考えると、そもそもその辺が既に普通ではなかったように思います。自分の不満を表に出さず、彼の中で何かが抑圧されていたのかもしれません。ところが中学生の頃から徐々に様子が変わり、反抗するようになりました。当初は、いわゆる反抗期というやつで時期が来れば収まるだろうと考えていました。ところが、高校、大学と進むにつれてその傾向はどんどん強くなり、親の言うことはほとんど聞かなくなってしまったのです。それと同時に、わずかな友人を除いて外部との関係をほとんど絶ちました。自尊感情がとても強く、少しでも自分を否定されると我慢がならなかったようです。生活は昼夜逆転となり、大学は退学しました。ほぼひきこもり生活です。後に復学して、大学自体はなんとか卒業したのですが。その間に、自殺未遂まがいのことも何度かありました。母親はその度に身が縮む思いで心配していました。僕も同じです。なんとか彼を立ち直らせたくて色々話しかけるのですが、親の言うことなど一切聞かない、というスタンスです。一方で、彼自身も何とかしないといけない、このままではいけないと思いもがき苦しんでいる様子でした。時々、「自分の人生なんて糞みたいなもんだ！」「俺なんて、この世から消えた方がイイんだ！」と母親の前では、自身に激しい怒りをぶつけていたのです。

彼がなぜこうなったのか、ハッキリしたことは分かりません。僕には三人の息子がいるのですが、他の二人のことを考えると、彼自身が特別な何かを持っていたのかもしれません。しかしいずれにせよ、彼がこのようになった大きな要因の一つは僕の育て方だったと思います。僕の育て方が間違っていたと、今では深く反省しています。しかし、覆水盆に返らず。今から時間を戻すことはできません。僕は自分の価値観を彼に押し付け、時に高圧的、強権的だったと思います。手を上げたこともありました。もちろん、たたいた後には強く後悔しました。そしてその手はとても痛かったものです。彼に限らず、当時の僕はかなり独善的な態度で他者に接していたように思います。そんな僕の言動が少しずつ彼の心の奥底に溜まり、僕への反感として沈殿していったように思えます。僕は悩みに悩みました。就寝中、少しでも2階にいる彼の部屋から物音がすると飛び起き、そのまま眠れないという夜を何度も過ごしました。何とかして彼と話し合いたい、方策を講じたいと願うのですが、その都度失敗に終わりました。機嫌の良い時を見計らって話しかけるのですが、根本的な解決には至りませんでした。そんな時、悩みと混乱の中に在った僕を救ってくれたのが、飯田史彦先生の『生きがいの創造』（PHP研究所）です。一体何度読み返したことか。何度も何度も、ページが擦り切れる程読み返しました。そうするうちに、徐々にですが人生における困難や挫折が別の姿で見えてきました。僕の心の中に、ある種のブレークスルーが起きたのでした。しかし考えてみれば、息子の存在が無ければ、そしてあの悩みの日々が無ければ今の僕はありません。あの悩み、苦しみこそ、僕を霊性の道に導いてくれました。あの深い悩みは、今の僕を形成してくれた感謝すべき存在だったのです。もちろん、当時の僕にはそんなことに思い至る余裕など露ほどもありませんでしたが。

　飯田先生の「生きがい論」をベースに考えれば、もしかしたらこの体験には、過去世からのカルマの解消的な意味があるのかもしれません。僕のカルマか、息子のカルマか、あるいはその両方なのかもしれません。そして一つ言えることは、この一連の体験を通して僕は成長した、という事実です。それまでの僕は、どちらかというと少し傲慢でした。大した中身も無いくせに、大学教授という肩書に名を借りて偉そうだったかもしれません。大きく勘違いしていた部分があったと思います。しかしそんな僕の高い鼻は、見事にへし折られたのです。自分は本当に無力だ、ということを思い知らされました。そして、世の中には深い悩みの淵にあり、もがき苦しんでいる人がいるんだ、という事実を身をもって体験しました。以降、人の悩みや弱さに思いを馳せ、できる限りそれに寄り添おうとする自分がいます。以前より優しく、そして謙虚になった自分がいます。すると、世の中の全ての存在の見え方が少し変わりました。上手く言えないのですが、簡単に言うと〝愛おしく〟見えるのです。人はもちろんのこと、傍らにある名もない花や樹や鳥たちまでがとても愛おしく思えるのです。もちろんそうは言っても悟りを開いたわけでもないので、今でも時には怒ったり、慌てふためいたり、深く落ち込んだり、そんなことを繰り返してはいるのですが。しかし、今ではそんな自分も含め愛おしく思え、以前より遥かに幸せな自分がいます。本当に有り難いことです。

息子は未だに闇の中を彷徨《さまよ》っているようです。そして、僕と彼の関係は依然としてあまり芳しくありません。僕は彼を愛しているし、許しているし、いつでも受け入れたいと切に願っています。毎日祈っています。しかし、彼の心は今でも閉ざされたままです。しかし、僕はいつかきっと彼と笑って話せる時が来ると信じています。いや、そう信じたい、というのが本音です。信じて待つ。これができるか。僕は今、試されているのだと思います。

32年間に及んだ立教大学での生活は、一言でいえば、とても幸せな日々でした。大学の同僚たちにも恵まれましたが、何よりも僕と遊んでくれた多くの学生の存在が大きかったと思います。彼らは嫌な顔もせず、僕のアウトドア遊びに付き合ってくれました。

中でも、カナダ北部のユーコン川をカヌーで下った時のキャンプは忘れることができません。原始の森の中を、透き通った水をたたえ滔々と流れるユーコン川。そんな川を下りながら、夜はウイスキー片手に空にオーロラを探しました。熊の存在に怯えながら、焚火を囲んで将来の夢を語り明かした日々。宝物のような日々でした。そんな旅に付き合ってくれた学生諸君には、深く感謝したいと思います。

後日談があります。この原稿を書いた時から本として出版されるまでに、約1年間を要しました。その間に、僕の人生にとって大きなことが二つ起きました。一つは彷徨っていた息子のことです。彼に少しずつ変化の兆しが見えて来たのです。夜、眠れているのかどうかは分かりませんが、眠そうな目で朝起きて来て、テニスに出かけるようになりました。毎日ではないのですが、それでも昼夜逆転の生活からの脱却です。そのうえ、最近になって働き始めました。アルバイトと思いますが、それでもこれは劇的な変化です。先のことは分からないし、もしかしたらまた挫折するかもしれません。しかし、少なくとも一歩踏み出そうとしたのは確かです。この事実だけでも、僕は神様に深く感謝したくなるのです。何がきっかけで彼が変わったのかは、分かりません。本当のことは本人にしか分かりません。いや、もしかしたら本人すら分からないのかもしれません。ただ、ある時、僕は全て諦めました。諦めるというよりも、自分ではコントロールできないことは全て神様に任せようと決めました。開き直った、と言っても良いかもしれません。今後彼がどんな行動をしようと、全てそのまま丸ごと受け入れようと決めたのでした。この迷える毎日が彼にとっては今生の大切な学びでしょうし、天に召された時、彼にも全てが分かります。それまでは、彼なりの生き方でこの人生を味わえば良いと思うのです。その結果、僕は随分精神的に楽になりました。こんな僕の心情の変化と時を同じくして、彼の行動が少しずつ変わり始めたのです。それが関係しているのか、あるいは偶然同じ時期だったのか、それは分かりません。それでも、僕は神様に感謝したいのです。

もう一つは、母親が他界したことです。母は91歳でした。脳腫瘍があり、家族は余命宣告を受けていたので覚悟はできていました。つい1年前までは独り暮らしで、身の回りのことは全て自分でやっていました。それどころか、僕らが止めるのも聞かず自転車を乗り回すほど元気でした。こんな母でしたので、自分の人生を全うし、満足して逝ったのだと思います。もちろん数多くの苦労がありましたが。

訃報に接した時も、悲しみよりも、「ご苦労様でした」という思いでした。もっと言えば、何かから解放されたような安堵感すらありました。これで無事両親が先に逝ったので、自分もいつでも逝ける。そんな思いです。そして不思議なことに、今は以前より母親を身近に感じます。心に思い浮かべると、いつも笑顔でそばにいてくれるのです。母親というものは、どこまでも本当にありがたい存在です。そんな僕の思いを、以下の葉祥明さんの詩が見事に射止めています。この詩の通りの母でした。感謝と共に、この言葉を母に捧げたいと思います。

母親というものは

母親というものは無欲なものです
我が子がどんなに偉くなるよりも
どんなにお金持ちになるよりも
毎日元気でいてくれることを
心の底から願います
どんなに高価な贈り物より
我が子の優しいひと言で
十分すぎる程幸せになれる
母親というものは
実に本当に無欲なものです
だから

母親を泣かすのは
この世で一番いけないことなのです

詩・葉祥明
（『母親というものは』より）

揺らぐ

人は何のために生きるのか。人生の目的とはなにか。人は死んだらどうなるか。この深遠な、と同時に最も基本的な人生の仕組み。それは分かっているつもりです。理屈の上ではよく分かっています。学生たちに向け、偉そうにそんな話を何回もしてきました。しかしその一方、時に揺らぐのです。自分は本当に死を抵抗なく受容できるのだろうか……。今、この瞬間に向こうから死がやって来たら、それを動じることなく受け入れることができるのだろうか。死後の世界は、本当に優しく僕を迎え入れてくれるのだろうか。時に、そんなふうにも思うのです。人が生きる意味や人生の仕組みに関しては、これまでにも色々なところで書いてきました。とても大切なことであり、僕の発想や価値観のベースになっている事柄なので本書でも繰り返したいと思います。人生とは、概ね以下のような仕組みになっています。

人間の本質は「魂」です。状況証拠から考えても、合理性という観点から考えても、人間の本質は肉体ではなく、その中に宿る〝何か〟と考えた方が絶対的に腑に落ちます。これを「意識体」と呼ぶ場合もあります。呼び名はともかく、人間の本質は肉体でも脳による思考でもなく、それらからは独立した意識を伴った存在なのです。これを「霊」と呼ぶこともあります。一般にこの存在が肉体と繋がっている時には魂と呼び、肉体から離れた場合には霊と呼ぶことが多いようです。この高次の存在が肉体と繋がっている状態が「生きている」ということです。従って、これが肉体から離れた状態を「死」と呼びます。死を迎え役目を終えた肉体は滅び、やがて自然に還ります。しかし、死をもって僕たち自体が消滅することはありません。意識は残ります。僕たちの魂（霊）は永遠なのです。この永遠性を喜ばしいと考えるか、重荷と考えるかはまた別の問題です。ここでは仮に魂と呼ぶことにしますが、魂はとても自由です。時空を超えて好きなところへ瞬時に移動でき、また常に他の魂と交感することができます。時空を超えて移動するという発想はそもそも時間や空間を想定していますが、魂は「時空を超え、あまねく遍在する」というのが本来の姿です。

一般に、この時空を超える能力や他者と交感する能力は、肉体と繋がっているうちは、つまり生きているうちは発揮されません。しかし非常に稀ですが、この種の能力を肉体と繋がっている状態で発揮する人がいます。このような人を霊能者と呼びます。霊力を備えた人という意味です。しかし、この能力と人格とは別の問題です。霊能者は特殊なサイキックな能力を発揮するため、それだけで畏れ崇められるような場面もありますが、霊能者が人格者とは限りません。僕たちの本質が魂（霊）であるのなら、ではなぜ普通の僕たちにはこの霊力がないのでしょう。それは、この世で生きる僕たちにとって、霊力が無い方が学びが大きいからです。学びとは、もちろん魂の成長のことです。

以上のことを科学的に証明する手立てはありません。しかし、科学的方法で集められた多くの状況証拠はこの事実を示唆します。こう考えた方が、死後に人間の本質が消滅すると考えるよりも遥かに合理的なのです。例えば過去世退行現象があります。催眠誘導による過去世退行の事例は、これまた数限りなく報告されています。過去世とは、つまり今生以外に過ごした過去の人生のことです。過去世など、俄かに信じられないかもしれません。しかし、夢や妄想では決して理解できない事例がたくさん報告されています。つまり、過去世の出来事として語られた内容が事実と一致するケースです。しかも、語る本人が決して知ることのない事実を正確に語るケースです。例えば、自分が一度も行ったことのない外国の小さな町の過去の出来事を語り、それが史実と一致している。あるいは、一度も習ったことのない外国の言語や単語をしゃべり出す。過去世で出会った人物のことを語り、調べてみると、本当にその名前の人物がその時代のその地域に生きていたなどなど……。

交霊の事例も世界中で数多く報告されています。交霊とは、霊媒者（降霊者）を介して死者の霊と生きている人間が会話をすることです。地域によって細かい方法は異なりますが、日本にもユタやイタコと言われる霊媒者が存在します。霊媒者を通して死者の霊とコンタクトをとるのですが、会話の内容には霊媒者が決して知りえない事実が含まれるケースが多々あるのです。これらの事例の信憑性を、物的証拠をもって証明することはほぼ不可能です。従って、虚偽の内容が含まれているかもしれません。しかし、それらの事例の全てを虚偽や創作と考えるのは逆に不合理です。彼らには、作り話をする理由が見当たらないからです。信頼できる人物が、あえて嘘をつくとも思えないからです。以上の事実は、死後も僕たちの意識（霊）が存在し、なおかつ多くの宗教が言うように、〝人が生まれ変わっている〟ことを教えているのです。

視点は少しずれますが、死とは悲しいことでしょうか。確かに、愛する人々と二度と会えなくなると考えれば悲しいことでしょう。しかし本当に二度と会えないのでしょうか。我々の魂が何度も輪廻を繰り返しているとすれば、愛する人の魂と再会するチャンスもあるはずです。最近になって多くの医療関係者が人の死後にも存続する魂の永遠性について語り出しました。東京大学名誉教授の矢作直樹先生もその内の一人で、『人は死なない』（バジリコ）の中で、死とは肉体という着ぐるみを脱いで魂が自由になり、元いた世界に還ってゆくことだと述べています。ベストセラーとなった『生きがいの創造』シリーズ（ＰＨＰ研究所）の著者、元福島大学教授の飯田史彦先生も同様の解釈をしています。飯田先生によれば、人間の本質は魂で、本来の居場所、つまり俗にいう「あの世」から肉体をまといこの世を訪れ、人間として様々な障害や苦労、時には大きな愛や喜びなどを体験し、それらの経験により自身の魂を成長させ、やがては元いた場所である平和と安らぎの地、「あの世」に戻ってゆくようです。ここでいう魂の成長は〝許し〟と深く関わるようです。つまりは、自己の未熟を許容し他者の理不尽をどれだけ許せるか。そして魂があるレベルに成長するまでは何度も輪廻し、今生での体験を反省材料にして次の人生での課題を自分で決め、「この世」を再訪するというのです。この、魂を成長させることこそが人生の最大の目標で、つまりは〝生きる意味〟ということになります。死後には、本当にそんなドラマが待っているのでしょうか。しかしそう考えれば、死とはなんら不幸なことではありません。もちろん、これを科学的に証明することはできず仮説に過ぎません。しかし一方で、これを科学的に否定する根拠も無いのです。さらに、以下に記すように、このように考えた方が人生は合理的で生きやすくなります。

もし仮に人間の本質は肉体であり、死んだら無に帰するのであれば、生きることの意味は極めて曖昧になります。死んで全てが無になるのであれば、人はどう生きようが、世界がどうなろうが、それは大した問題ではなく、人は刹那的にその時々の快楽を求め、この人生を謳歌すれば良いことになります。生きることが苦しいなら簡単に死ねば良いことになります。たとえ凶悪な罪を犯しても、死んだら全てがご破算。その瞬間に、自分という存在もこの世界も無くなるわけですから。仮に残された人々に影響を及ぼしたとしても、所詮彼らが死ぬまでの話です。死んで無に帰するなら大した問題ではありません。従ってもしこれが真実だとすると、子孫のことまで視野に入れ、遠い先を見据えながら生きる必要も無くなると思うのです。この思考に従っているのが、しばしばニュースになる刹那的な凶悪犯罪や自殺などです。逆に、仮に死後も魂は残って意識があるとすれば、簡単に自殺などできなくなります。もちろん、様々な事情があるでしょうから自殺が全て悪いとは言いません。しかし先述の飯田史彦先生も、自殺したケースの多くでは魂が心安らぐ彼岸になかなかたどり着けない、と書いています。

一方、あちらの世界で愛する夫や妻、子供たちや友人と再会できるとしたら、それは何と素晴らしいことでしょう。そのように考えると、高齢で旅立つ日がそう遠くないとしても、残された日々を安らかに過ごせるのではないでしょうか。精一杯生き切った人の死後が安らかで愛に満たされるのであれば、今の人生で多少辛いことがあったとしても、希望をもって頑張れるのではないでしょうか。人は、未来に希望を持てれば、今が多少大変でも頑張れると思うのです。このように考えれば、年老いることは何ら不幸なことではなく、次の段階に羽ばたく瞬間が近づいただけのことと理解できるのです。

以上が、これまでも色々な所で述べてきた人生の仕組みです。学生たちにも、このように話してきました。この仕組みを前提に考えれば、死は怖いものではなくなります。今生での不運、不条理なども過去世のカルマの解消かもしれないし、長い目で見れば様々な感情を体験することこそ魂の成長に繋がり意味がある。だから、この悲しみ、不安、切なさ、やり切れなさも大切な体験なんだ、と理解することもできます。しかし、です。僕は、確固たる強い信念を持つ人間ではありません。時には、この仕組みを完全に受け入れたと思えることもあるのですが、しかし、その信念がまた揺らぐ。この繰り返しです。先にも書いた家族の問題などが何かの切っ掛けで頭の中に駆け巡り、不安に駆られ眠れない夜が今でもしばしばあります。息子の行く末を考えると、心配で頭がいっぱいになるのです。そんな揺らぐ僕の心を、そっと見つめるような美しい文章があります。僕の敬愛する写真家の星野道夫が書いた次の一文です。

頭上には、北の国の星座、北斗七星がよこたわっている。その杓を五倍に伸ばした場所に北極星。それは子どもの頃、反芻するように覚えた星の世界だった。が、あと一万数千年もたてば、その北極星の場所さえ他の星にとってかわられるという。すべての生命が動き続け、無窮の旅を続けている。一見静止した森も、そして星さえも、同じ場所にはとどまってはいない。

ぼくは、〝人間が究極的に知りたいこと〟を考えた。一万光年の星のきらめきが問いかけてくる宇宙の深さ、人間が遠い昔から祈り続けてきた彼岸という世界、どんな未来へ向かい、何の目的を背負わされているのかという人間の存在の意味……そのひとつひとつがどこかでつながっているような気がした。

けれども、人間がもし本当に知りたいことを知ってしまったら、私たちは生きてゆく力を得るのだろうか、それとも失ってゆくのだろうか。そのことを知ろうとする想いが人間を支えながら、それが知り得ないことで私たちは生かされているのではないだろうか。

『森と氷河と鯨』「熊の道をたどって」（『星野道夫著作集 4』84頁）

この星野道夫の文章に僕はとても救われます。人間が究極的に知りたいこと、すなわち人間が存在することの意味、そして彼岸という世界。これを僕は理屈の上では知っています。しかし息子の問題を前に時に心は揺れます。そして、今、彼岸に渡ることになったら多少なりとも狼狽《うろた》えると思うのです。理屈で理解することと、〝無条件で分かっている〟こととは違います。でも僕はそれでも良いと思います。僕らは神様じゃないのだから、その揺らぐ自分を受け入れながら、それでも自分の見つけた真理らしきものを頼りに、時に迷いながらも折り合いをつけ生きてゆく。それが人生であり、言い換えれば、そんな自分を許し生きることこそ魂の学びだと思うのです。悟りを開いた方は稀にいるのでしょうが、多くの市井の人々は彼岸の存在を願いながらも、どこか半信半疑のところがあり、それでも、未来に希望を託しながら日々を一生懸命生きているのではないでしょうか。それで良いような気がします。星野道夫が言うように、僕たちの心は時に深く、時に浅い。だからこそ生きていける。それで良いのだと思います。

人間の気持ちとは可笑《おか》しいものですね。どうしようもなく些細な日常に左右されている一方で、風の感触や初夏の気配で、こんなにも豊かになれるのですから。人の心は、深くて、そして不思議なほど浅いのだと思います。きっと、その浅さで、人は生きてゆけるのでしょう。

『旅をする木』「新しい旅」（『星野道夫著作集 3』11頁）

憧れのスピリチュアル・ワールド

古《いにしえ》から多くの宗教が人の生きる意味、人生の仕組みなどを説いてきました。その一方で特定の宗教を信仰しない人たちは、いわゆる〝スピリチュアルな教え〟にその答えを求めることもあります。生きる意味、死の意味、人生の仕組みを問う行為は、きっと人間に与えられた根源的な課題なのでしょう。

超常体験や神の啓示などを通じ、宇宙の真理や人生の仕組みが分かってしまった人たちがいます。いわゆるスピリチュアル・ワールドを理解してしまった人たちです。彼らは言います。人生はイリュージョンで、〝想い〟が現実を創るのだと。だから、〝心に何を想う〟かが重要で、それが自分の人生を決めるのだと。また、この世はパラレルワールドだと言う人がいます。自分の言動により、複数存在する人生のレールを移行できると言います。移行した場合には、脳がそれに合わせて記憶を修正するため違和感は生まれないらしいです。過去すらも、移行した現実に合わせて変わるのだと言います。さらには、この世に起きている現象は全て思い込み、勘違い、錯覚だと言う人がいます。だから大切なことは、そんな思い込みに左右されず今を大切に生きることだと言います。彼らは、確信を持ってそう言うのです。多分、これらの発言は全て正しいのだと思います。皮肉でもなんでもなく、宇宙の真理は彼らの発言の中にあるように感じます。僕の直観です。しかし一方で現実世界に目を向けると、僕が思ったこと、願ったことはそんなに簡単に顕在化しないようです。僕がいるここは、自分が選んだパラレルワールドなのでしょうか。それにしては、僕の理想と随分かけ離れている。この世の全ては思い込み、勘違いと言われても、実際に3・11では多くの人が亡くなってしまったし、ウクライナの戦禍は現実にそこにあるし、「津久井やまゆり園」の事件のような理不尽な犯罪被害に苦しむ多くの人たちがいます。それらの痛みや苦しみは、全て思い込みなのでしょうか。理不尽な現実に直面する人に、それは〝勘違いだ〟なんて言えるでしょうか。ふと、そんな疑問が僕の中にふつふつと湧いてくるのです。この思いは、僕の信じる力が足りないせいかもしれません。もしかしたら、僕は彼らの発言の趣旨を正しく理解していないのかもしれません。しかし僕は、次のように思うのです。世の中には僕のように、〝生きる意味〟を求めて模索する人がたくさんいます。前述のような悟りを得た賢人、あるいは超常体験などで瞬時にそれを体得した人を除けば、大半の人は僕と同じように、スピリチュアルな教えを信じたくても体感は無く、半信半疑でこれらを見ているのではないでしょうか。霊性を研究テーマにした学者の端くれとして、僕はこれらの市井の人に寄り添いたいと思います。科学的には証明できないことは多いのですが、生まれ変わりや臨死体験の事例などの状況証拠をつぶさに検討し、スピリチュアルな話を可能な限り論理的に、分かりやすく伝えることで、僕は現実世界とスピリチュアル・ワールドの橋渡し的な存在になりたいと願っています。そして、分からない時には正直に分からないと言おうと思うのです。この種のスピリチュアルな発想には、時にある種の危うさが伴います。危うさとは、現実から目を背けた甘美な発想への依存です。これは一歩間違えると、オウム真理教事件のような方向へ僕たちを導かないとも限りません。ですので、しっかり現実を見据え、時に自分への疑いの眼差しを研ぎ澄ませて、本当に自分がどこまで理解しているのかを自分に問い続けることが大切だと思うのです。

星野道夫が言うように、僕たちは、知りたいと願いながら、それを知り得ないことで生かされているのかもしれません。だとすれば、人間に課されたこの根源的な問いに対する答えを求める旅、それは僕らが生きている限り続くのかもしれません。そして矛盾するようですが、出来得るならば、いつの日か僕も神の啓示を受けてスピリチュアル・ワールドを体感してみたいと願うのです。自分の想いが現実を創る世界を体感し、自分の願うパラレルワールドに移行したいと思うのです。果たしてその時、僕は納得できるような言葉でそれを人々に説明できるのだろうか……。いや、もしかしたら今のこの現実が、既に自分が望んだ世界なのかもしれません。

なにがあってもありがとう

皆さんは世の中に「善悪」はあると思うでしょうか？

「そんなの当たり前だ。あるに決まっている」と思うでしょうか。はい、僕も「ある」と思います。と同時に、僕は「ない」とも思うのです。しかし、僕の尊敬する多くの先生方は「宇宙に善悪は存在しない」と述べています。多分これが真理なのでしょう。宇宙には、きっと善悪などないのです。つまり、この世に起こる出来事は、総じて見方によって違う意味合いを持つことになります。ある一つの出来事は、立場が違えば善にも悪にもなるわけです。例えば、親がその愛情から、子供に美味しいものをたくさん食べさせるのは善なる行動でしょう。しかし、美味しいものをたくさん食べ過ぎた子供は肥満になるかもしれません。結果的に、これは子供にとって有り難いことではなく、見方によっては悪です。こう考えると、確かに善悪の区別はできないのかもしれません。では、いじめ、暴力、差別、詐欺などなど他者を傷つける行為も「悪」ではないのでしょうか？　いや、それらの行為はやはり「悪」です。つまりは単純な話で、〝人としてしてはいけない行為〞を悪と呼ぶのです。だから、この世に悪は存在します。そうでなければ、どうして子供たちに「いじめはいけない。人を傷つけてはいけない。」などと諭すことができるのでしょう？　教育など成立しなくなります。我々が生きる上での大切な基準やモラルが崩壊することになります。我々がこの3次元世界に住んでいる限り、やはり善悪はあるのです。ただし悪が全て不要かというと、それは違います。我々がこの世に生きる一番大きな目的は、様々な体験を通して自己の魂を成長させることです。その魂の成長のために、時には心が傷つくような辛い体験も必要なのです。それらの体験を通して、耐えること、寛容になること、許すことなどを学ぶのです。そして同時に、愛に満ち溢れた多くの喜びの体験から、人を愛することの素晴らしさを学び魂の成長の糧とするのです。さらに人が輪廻し、今生の体験を反省材料に生まれ変わることを考えれば、自分の発した「悪」はやがて自分に戻ってくることになるかもしれません。悪とされる行いも、いつか自分で清算しなければならないのです。この3次元世界に生きる限り、悪に見える現象が無くなることは有り得ませんし、それもまた我々の魂の成長には必要なのです。その意味では「宇宙には善悪など無い。全ての出来事は必然である」と言えるかもしれません。つまり我々の営みの結果というのは、見方によって善にも悪にもなり得るのです。これらのことを考えると、我々が物事を行う時に大切なことは、結果よりもその動機だと僕は思います。愛に根差した利他の思いからの行動は、結果がどうあれ、また相手の受け取り方がどうあれ、その人を成長させる最も有効なプロセスになるのです。

僕の尊敬する人物に、鮫島純子《さめじますみこ》さんという方がいます。彼女は、近代日本経済の父と呼ばれる渋沢栄一のお孫さんで現在なんと100歳になるのですが、とてもお元気で、色々な所でご講演をなさっています。凛とした気品を備えたとても美しい女性です。僕もある時にご縁を頂き、立教大学での講演をお願いしたことがあります。その時のお話はもちろん素晴らしかったのですが、僕が何より驚いたのは、90分間の講演の最初から最後まで背筋がビシッと真っすぐに伸び、溌剌《はつらつ》とした声には淀みがなく、最後まで全く休みなく話し続けられた事です。いやはや、その集中力、そのエネルギーはどこから来るのか。それだけでも敬服に値します。後で伺ったところ、『人様のお役に立つ仕事をする時には、天からエネルギーを授かるので、全然疲れない』のだそうです。確かに講演終了後も疲れたご様子は微塵も見受けられず、自宅へお送りする道すがら、楽しい会話に終始しました。

一世紀に渡る人生経験に培われた彼女のお話は、とても素晴らしものでした。紆余曲折の結果辿り着いた生活信条、生きる上での信念は、「なにがあっても、ありがとう」という精神です。そして、事あるごとに「世界人類が平和でありますように」とお祈りすることです。とってもシンプルなのですが、ある時辿り着いたこの二つの考えを信条として、どんな時もそれを曲げず生き抜いてこられました。なんと美しい人生でしょう。

彼女の生き様を象徴する、こんなエピソードがあります。ご自宅の改築費用のため倹約を重ね、ようやく貯めた数百万円の資金が詐欺に遭い、一瞬にして失われた時の話です。それは、高齢者を狙った〝オレオレ詐欺〟の類いでした。最初彼女は〝何かおかしい〟と感じたのですが、どんな相手も信頼して丁寧に対応しようという精神が仇《あだ》になり、結局だまされてしまいました。凄いと思うのは、その後の彼女の態度です。苦労して貯めたお金をだまし取られたというのに、『犯人が憎い、悔しいという気持ちにはなりませんでした』と仰っています。あくまでも、「なにがあっても、ありがとう」なのです。これも大切な人生経験であり自分の成長の糧となる、と考えるのです。それよりも、自分の発したものはやがて自分に帰ってくるという〝輪廻のルール〟を理解している彼女は、悪事を働いた犯人の行く末を心配するのでした。自分で自分の首を絞めるような不幸な運命を作ってしまった犯人たちに、「自分が発したものは、やがて自分に戻ってくる」という人生の仕組みを教えてあげたい、と彼らの将来を案ずるのでした。翌朝、被害届を出したとき、彼女が全く取り乱さず平常心でいることに警察関係者はとても驚いていたそうです。それは、そうでしょう。苦労して貯めた数百万円をだまし取られたというのに、平然としているのですから。全く〝あっぱれ〟としか言いようがありません。このような彼女にとって、自分の身の回りに起こることは全て「ありがとう」、つまり「善」なのです。不注意で転倒して骨折した時にも、痛みの中で最初に出てきた言葉は「ありがとう」でした。不注意を教えてくれた骨折にも、感謝するのです。我々凡人がここまで悟ることはなかなかできませんが、彼女には、確かに善悪などないのかもしれません。

この原稿は2022年の秋に書いたのですが、2023年の1月に鮫島純子さんは100歳で天寿を全うし光の国に旅立たれました。彼女のことですから、今頃は天国で

「なにがあっても、ありがとう」鮫島純子さんは、いつも笑顔と感謝の人。

「ありがとう」の光そのものになり、静かに僕らを見守っていることでしょう。本当に、ありがとうございました。合掌。

デクノボーになれなくて

毎朝、神棚と仏壇の前で自分なりのアファメーション（ポジティブな言葉）を唱えるのですが、ここ数年その時一緒に宮澤賢治の『雨ニモマケズ』を朗読します。今ではもう完全に暗記して空で唱えます。雨ニモマケズの中に出てくる「デクノボー」と呼ばれる人物。こんな人には絶対なれません。が、憧れます。

皆さんは人に嫉妬したことがあるでしょうか。他人を妬ましく思ったことはあるでしょうか。人間ですから、一度くらいはあるでしょうね。時折僕を悩ますもの、それは自分の中の嫉妬心です。正直に言いますが、僕は誰かの成功を素直に喜べない時があります。表面的にはもちろん祝福を装うのですが、心の中で妬ましく思い素直に喜べない自分が時々います。一方で、その成功を心の底から喜んで祝福する友人もいて、そんな友人の屈託のない笑顔を見ていると、自分の心の狭さ、器の小ささが余計際立ち、なんとも言えない嫌な気持ちになります。人を妬んでいる時の自分は大嫌いです。そして、何かに腹を立て怒っている時の自分が大嫌いです。しかし、そんな感情に苛まれながらも、そこからなかなか抜け出せず、自分自身を持て余す。なんと自分は醜くて、そして未熟なんだろう。そんなふうに思い、苦しくて苦しくて、嫉妬や怒りを鎮めようと試みるのですが、なかなか思うようにできなくて藻掻《もが》く自分。本当に恥ずかしい話です。つまりは偉そうなことを言ったり書いたりしている僕ですが、本当は全く人間ができていないということです。

なぜ人を妬み羨《うらや》むのでしょうか。その根底にあるのは、他者に褒められたい、認めて欲しいという思いです。自分も成功している人と同じくらいできるのに……それを周りに認めてもらいたい。しかし、認めてもらえない。その悔しさ、もどかしさだと思います。自分は自分で、この世にたった一人のかけがえのない存在で、今のままの自分で十分尊い存在である。だから、人様と自分を比較する必要はないし、人を羨む必要もない。

自分を認め、自分に与えられた仕事を一生懸命やればいい。多くの先人たちが教えることの真理。それは分かっています。理屈では分かっています。しかし、時々それができない事があるのです。

以上が、少し前までの僕です。


さて、冒頭に述べた宮澤賢治の詩『雨ニモマケズ』に出てくる人物。みんなにデクノボーと呼ばれる人物。この人は凄い。詩には、このようにあります。

「慾はなく、決して怒らず、いつも静かに笑っている」

「あらゆることを、自分を勘定に入れずに……」

「東に病気の子供あれば行って看病してやり、西に疲れた母あれば行ってその稲の束を負い」

「みんなに木偶坊《でくのぼう》と呼ばれ褒められもせず苦にもされず、そういうものに私はなりたい」

この人は、自分のことは後回しにして誰かの為に懸命に働き、それを褒めてもらおうとも思わず、何があっても怒らず、いつも静かに笑っている。そんな無欲な人。まるで僕の真逆です。

もうすぐ古希に手が届くというこの歳で、いい加減人間ができてきても良さそうなのに、と思いつつ日々を過ごすこんな僕だったのですが、この『雨ニモマケズ』を唱えて以来、実は自分の中に変化がありました。以前より、人の成功を素直に喜べるようになりました。人に対する怒りの感情も、完全ではないですが抑えることができるようになりました。不思議なことです。何故なのかは分かりません。時に羨ましい、妬《ねた》ましいような時もありますが、しかしその妬ましさを抱えながらも、心の中でその人を徹底的に祝福し、褒め、応援するのです。すると、そんなことをしている自分がむしろ心地よくなり、気がつくと妬ましさが消えている。そんな感じです。これはありがたい変化です。腹が立つことをされた時には、その人に向け心の中で「ありがとうございます。ありがとうございます。ありがとうございます。」と、名前を呼びながら何度も繰り返します。

すると、怒りの感情が薄れてゆきます。これもありがたい。妬みや怒り、そんな感情が自分にとって一番辛く苦しくもどかしいのですが、最近はこの感情から少しずつ解放されつつあるような気がします。もしかしたらこの心境の変化は、ここ数年の自分の仕事ぶりに納得でき、自分自身を認めることができるようになったからかもしれません。それは言い換えると、〝足るを知る〟という心境に少し近づけた、ということかもしれません。つまりは、自分の器を知ったということ。今ある小さな仕事を一生懸命にやっていれば、もう自分の小さな器は満たされている。そんな感覚です。

僕が長年奉職した立教大学の創立者ウィリアムズ主教の有名な言葉に、『道を伝えて己を伝えず』というものがあります。主教は、神の福音以外に自分の名が残ることを恐れ、写真を撮らせることもなく、日記や手紙の類いの多くは焼却してしまったと言われています。僕は頼まれて講演などをすることも稀にあるのですが、話す内容は星野道夫の逸話であったり、龍村仁の思想であったり、尊敬する諸先生の教えであったり……つまりは、自分自身に関しては伝えるべき材料が無いのです。霊性を語ることはあっても、天の声が聴こえるようなスピリチュアルな実体験もありません。これにコンプレックスを感じていました。人前で偉そうにしゃべる自分は、一体いかほどの者か。著名な先生方と比較して、そんな思いに囚われていました。しかし『雨ニモマケズ』を唱えて以来、ある時ハタと気づいたのです。自分は価値ある思想や教え、人物などを伝えるパイプ役になれば良いんだ、と。それも世の中にとって大切な役割なんだ、と。そのことに気づいてから随分楽になり、他者への嫉妬は薄らいだようです。偉大なウィリアムズ主教ですら、『己を伝えず』と言っているのです。伝える程の材料が無い僕は、何の苦労もせずに『己を伝えず』ができる。逆に、これは有り難いことだ。そんな気持ちになりました。もちろん宮澤賢治のデクノボーには程遠いので、また嫉妬に苦しむ時が必ず来るのでしょうね。心は揺らぐのでしょうね。でも、そんな時には心の中で唱えてみます。

『みんなに木偶坊と呼ばれ、褒められもせず苦にもされず、そういうものに私はなりたい』

『雨にも負けず』

雨にも負けず 風にも負けず
雪にも 夏の暑さにも負けぬ
丈夫な体をもち
慾はなく 決して怒らず
いつも 静かに笑っている
一日に 玄米四合と 味噌と
少しの野菜を食べ
あらゆることを
自分を勘定に入れずに
よく見聞きし 分かり
そして 忘れず

〈原文〉〔雨ニモマケズ〕

雨ニモマケズ
風ニモマケズ
雪ニモ夏ノ暑サニモマケヌ
丈夫ナカラダヲモチ
慾ハナク
決シテ瞋《いか》ラズ
イツモシヅカニワラッテヰル
一日ニ玄米四合ト
味噌ト少シノ野菜ヲタベ
アラユルコトヲ
ジブンヲカンジョウニ入レズニ
ヨクミキキシワカリ
ソシテワスレズ

野原の 松の林の 陰の
小さな 萱ぶきの 小屋にいて
東に病気の子供あれば
行って 看病してやり
西に疲れた母あれば
行って その稲の束を負い
南に死にそうな人あれば
行って 怖がらなくてもいいと言い
北に喧嘩や訴訟があれば
つまらないからやめろと言い
日照りの時は 涙を流し
寒さの夏は おろおろ歩き
みんなに 木偶坊と呼ばれ

野原ノ松ノ林ノ蔭ノ
小サナ萱ブキノ小屋ニヰテ
東ニ病気ノコドモアレバ
行ッテ看病シテヤリ
西ニツカレタ母アレバ
行ッテソノ稲ノ束ヲ負ヒ
南ニ死ニサウナ人アレバ
行ッテコハガラナクテモイヽトイヒ
北ニケンクヮヤソショウガアレバ
ツマラナイカラヤメロトイヒ
ヒデリノトキハナミダヲナガシ
サムサノナツハオロオロアルキ
ミンナニデクノボートヨバレ
ホメラレモセズ
クニモサレズ
サウイフモノニ
ワタシハナリタイ

褒められもせず 苦にもされず
そういうものに 私はなりたい

（宮澤賢治）

※読みやすいように、原文を現代語表記にしています。

不思議な体験

僕の周囲にはスピリチュアルな方がたくさんいます。僕自身がその種のことに強い関心があるので、自然に周りに集まるのだと思います。彼らは、例えば他人のオーラが見えたり、パワースポットで身体が熱く痺れたり、頻繁に予知夢を観たり、樹と話ができたり……と様々ですが、皆さん至って良識的な方々です。スピリチュアルという言葉にはどうしても怪しいイメージが付きまといますが、彼らは皆信頼できる真面目な市井の人々です。オウム真理教事件や霊感商法などに類する詐欺まがいの行為が宗教やスピリチュアルという言葉にネガティブなイメージをもたらすのでしょうが、スピリチュアルな現象とこれらの犯罪行為を一緒くたに考えるのは、キノコを見たら全て毒キノコと決めつけるようなもので大きな間違いです。一方自分はというと、スピリチュアルな能力に憧れはあるのですが、どうやらその力は無いようです。森で出会うブナの大木にハグした時不思議な幸福感に包まれたり、響沁浴《きょうしんよく》という和太鼓の演奏を聴いた時身体が暖まるのを感じたり……と、その程度です。それらにしても、明確な声を聞いたり、身体に物理的な変化が起こったりしたわけではなく、あくまでも自分の感覚という主観の範囲です。しかし一方で、僕は実に不思議な体験を何度かしています。それらが持つ意味は分かりませんが、ここで振り返ってみたいと思います。

一番古い記憶は、幼少の頃、自宅近くの路地でのことでした。考えてみれば今から60年以上も前の記憶です。しかし、その日のことは何故か鮮明に覚えています。その時僕が手に持っていたのは、キーホルダーに親指大の小さな人形が三つ付いている土産物でした。それを空中に投げ上げながら、お金が欲しいと念じました。念じたというよりも、何となくそう願いました。何も期待せずに。すると、チャリンという音がして、足元には10円硬貨が三つ落ちていました。投げ上げたキーホルダー付きの土産物は、どこを探しても見当たりません。その時は、なんの不思議も感じず、そのまま30円を握りしめ近所の駄菓子屋に走ったのでした。30円という金額は、当時の僕にとってはかなりの額でした。それ以上のことは覚えていません。今にしてみれば、もの凄く不思議な話です。僕の願望が、持っていた土産物を10円硬貨3枚に変えたとしか思えません。思いがそのまま目の前で実現するという、そんな体験は後にも先にもこの一度限りです。

その次は30代の頃の話です。こちらも記憶は鮮明です。その日僕は、奥秩父の雲取山を目指して山道を歩いていました。宿泊予定だった七ツ石小屋に着いたのは、夕暮れ前の頃でした。管理人もいない無人の小屋です。秋も深まったその日、僕以外の宿泊者は居ないようです。ありがたいことにストーブと薪があったので、さっそく火を入れ暖を取りました。しばらくして外に出ると、雲取山に続く稜線に人がいて、こちらに歩いてくるのが見えました。もう日暮れも近い時間でしたので、「ああ、あの人は今晩この小屋に泊まるのだろうなあ」と思いました。その後小屋に戻り、疲れていたので食事を摂って早めに寝たのだと思います。稜線を歩いて来たその人のことは、すっかり忘れていました。夜中に目が覚めたので、小屋の外に出てみました。予想通り息をのむような満天の星空でした。その時です。闇夜の中から笛の音が聴こえてきました。フルートのような音色です。とても心地よい音色でした。しばらく聴き入った後事態を理解し、なんと不思議な……と思いました。そして俄《にわ》かに、夕暮れ時に稜線にいた人影の事を思い出したのでした。しかし、外は極寒のうえ、漆黒の闇夜です。闇夜の樹木の中に一人佇《たたず》みフルートを吹くなんて……こんなに寒いのに……。そんなことを思いつつも、僕はあまり深く考えず、そのまま小屋に戻り再び眠りに就きました。しかし後で振り返ってみると、どう考えても尋常ではありません。笛の音が聴こえる方向にテントを張れるようなスペースも無いし、ましてやここに小屋があるのに……。本当に不思議な体験でした。しかし人間とは妙なもので、実際に体験しているその時には、通常あり得ない現象を目の前にしてもあまり不思議とは感じないものですね。先に記した幼い頃の一件の時もそうでした。

さらに、あと二つほどエピソードがあります。この二つのエピソードは似たような話です。ある時僕は、大学の研究室で小さなスピーカーを分解していました。配線の接触が悪くなったせいか、音が出なくなったのです。作業を終え組み立て始めると、ネジが二つ足りません。机の上での作業だったので、ネジはどこへも行くはずがありません。それでも、もしかしたら落ちたのかとも思い、机の下なども慎重に探しました。いくら丁寧に探してもネジが二つ足りないままでした。その翌日だったと思います。自宅の書斎の机の上に、ふと見ると小さなネジが二つあるのです。書斎でそんなネジをかまった記憶はありません。まさか……と思いました。でも、大きさや形からして昨日失くしたネジとそっくりです。次の日、半信半疑でそのネジを研究室のスピーカーにはめてみました。ピッタリ合いました。全く不思議です。しかし、事実です。同じような現象は、とある「鍵」をめぐって起きました。ある日僕は、大学の倉庫を開け中の物を取り出し作業をしました。作業を終え倉庫を閉めようとした時、開けたはずの倉庫の鍵がどうしても見当たりません。衣服のポケットは言うまでもなく、歩き回った範囲を隈なく探しましした。しかし、どうしても見つからないので、とうとう諦めてその日は施錠せずに帰宅しました。数日後、自宅でとあるバッグを開いた時のことです。見覚えのある鍵があるのです。まさか……この時もそう思いました。しかし案の定、その鍵で大学の倉庫を開閉することができました。実に不思議な話です。

僕に起こったこれらの不思議な現象は、いったい何だったのでしょうか。単なる不思議な現象なのか、それともそこに何かのメッセージが込められていたのか。幼い頃の「お金が欲しい」という願いが、目の前で実現する。狐につままれたような不思議な夜のフルート演奏。物が時空を超えてワープする。先ほども書きましたが、実際にこのような不思議な現象を前にした時、人は意外と驚かないものです。何故驚かないかというと、確かにそれが起こっているから受け入れるしかないのです。これらの現象に、何か特別な意味やメッセージがあったのかどうかは分かりません。しかし少なくとも僕は、不思議な現象は世の中にあるんだ、ということを体感したのです。僕が超科学的な現象やエピソードを聞いて疑わずに受け入れられるのは、このような体験がベースにあるからだと思います。科学では理解不能な現象が、確かに存在するのです。

食べないと生きていけないという妄想

人間は食べないと生きていけないのでしょうか。そんなのは常識でしょうか。もちろん、食事は人間にとってとても大切な営みです。我々は食事を通して、生きるためのエネルギーや身体を作る材料を得ます。それとは別に、我々は食事を通して友人や家族との豊かな時間を過ごすことができます。食は大切な喜びの時間でもあるのです。しかし、何をどれくらい摂るべきかを考えた時、僕ら現代人の概念を大きく揺るがす事実があります。もしかしたら我々は、今考えているより遥かに少ない量の食事で充分生きていけるかもしれないのです。僕が懇意にさせていただいている俳優の榎木孝明さんは、ほぼ一カ月間にわたり、〝水〟以外に何も摂らず普通の生活をしました。「普通の生活」というのが凄いことで、不食を貫きながら当たり前のように役者の仕事をこなし、人付き合いも普段通り続けました。飲食を伴う会にも参加し、しかしそこでは、それらしい理由をつけて水以外は口にしないのでした。その時の気持ちを、榎木さんは次のように書いています。

人は食べないと、どんどんやせ細って、動けなくなり、死んでしまう。それが常識とされています。しかし、それは、本当にそのとおりなのか。
現に私自身が、2週間程度ほとんど食べなくても、ピンピンしている。それどころか、頭の働きがクリアになり、体調さえよくなっているではないか。ならば、さらに不食を続けて、死ななかったとしたら、どうなるだろう。私はその先の世界を見てみたくなりました。

榎木孝明『30日間、食べることやめてみました』18頁

これは、榎木さんがネパール・ヒマラヤを旅した直後の感想ですが、この気持ちに素

直に従った彼は、一カ月の不食を実行し「その先の世界」を見に行ったわけです。そしてそこに見たものは、食べなくても生きていける自分でした。その時の身体の状況はというと、日常生活での疲れが減り、持病の腰痛が改善し、さらに精神が研ぎ澄まされとてもクリアになったと言います。栄養学や生理学の常識では考えられないのですが、榎木さんはこの時、自身の体内のエネルギーとは別のエネルギーを使っている感覚があったそうです。普通、食べなければエネルギーが枯渇して早く疲れると思うのですが、人間の身体とは、かくも不思議なもののようです。

また僕の尊敬する東京大学名誉教授の矢作直樹先生も、若い頃の登山の時はほとんどまともな食事を摂っていません。この頃の先生の登山はといえば、厳冬期の北アルプスの難しい峰々を単独で1カ月も歩くのですから、テントやザイルなどの基本装備だけで限界に近い重量になり、そもそも十分な食料など持てるわけないのです。食事内容を聞くと、わずかなナッツ類と少量のオートミールだけとのことでした。過酷な冬山登山による消費カロリーを考えれば、これは常識では有り得ない食事です。ある時先生にその点について伺うと、言下に『カロリー計算に意味はありません。』と言われました。『常識に深い意味はありません。』と言われたように僕には思えました。この他に直接面識はありませんが、一日青汁一杯だけの食事を何年も続けておられる鍼灸師の森美智代さんや、不食の弁護士として有名な秋山佳胤《よしたね》さんの事例があります。

「食べなければ人は生きていけない」という強い固定観念が、我々を縛っている。逆に「食べなくても人は生きていける」と心底信じ切れたなら、人は食べなくても生きていける。常識とは何なのか。もしかしたら、常識が僕たちの可能性を大幅に狭めているのではないのか。これらの事例に接する時、改めてそう考えざるを得ません。常識を超え、〝心で思うこと〟が我々の身体に直接影響を及ぼす。榎木さんや矢作先生の事例は、その事実を教えています。

話は変わりますが、食糧危機や気候変動、地球温暖化などの問題は我々現代人が直面する深刻なテーマです。実は、これらの問題も我々の食事の在り方と無関係ではありません。飢餓や食糧危機の問題は、単純な話、我々が食べる量を減らせばそれだけ減るわけです。先に挙げた不食の事例は、人間が食の量を大幅に減らせることを強く示唆します。さらに、現在世界で生産されている食料の三分の一が廃棄されている「食品ロス」の現状も、食の量的なニーズは現状の供給量よりずっと少ないことを示しています。つまり、人間が食に対する発想を変えるだけで食糧問題は大きく改善する可能性があるのです。その一方で、飢餓と食糧廃棄が共存する現状は現代人の歪んだ食生活の象徴とも言えます。捨てるくらいなら、なぜそれを飢える人に回せないのか。さらに地球温暖化の問題、ひいてはこれが誘因となる自然災害も我々の食の在り方に大きな影響を受けています。一般的現代人には「肉」を食べたいという嗜好があるのですが、これに応えるために畜産現場で多くの牛や豚が必要です。これらの家畜の飼料を安く供給するためには広大なトウモロコシ畑が必要で、その畑はといえば、二酸化炭素を吸収している森の樹を伐採して作られるわけです。さらに伐採では手間暇がかかるため、近年では森に直接火を付けて、あろうことか樹々を焼き尽くし、畑にするための土地を作っている現状があります。樹々の命を何と考えるのか、樹々の痛みに思いが至らないのか……神をも恐れぬ行為としか僕には映りません。またこの行為は同時に、広大な山林を焼き尽くす山火事の原因ともなっています。世界中にこれが原因での山火事が多発し、これがまた森林を減らす原因となります。加えて牛のゲップに含まれるメタンも大問題で、これは二酸化炭素の25倍もの温室効果を持つのですが、これが大量に空気中に放出されることになります。仮に人々が肉食を止め、タンパク質も含め全て植物由来の食事に切り替えれば、食が生み出す温室効果ガスの70％以上を削減できるという試算もあるのです。

地球温暖化の原因を巡っては諸説あり、温室効果ガス仮説を疑問視する声もありますが、しかし理由はともかく、地球の気温が急激に上昇し、それが原因で多くの気候変動や自然災害を生んでいるのは明白な事実です。仮に温暖化が人類の営みと直接関係ないとしても、昨今の頻発する自然災害は我々人類への警告だと思うのです。自然との調和を無視した人間中心の営みを顧みよ、という明確なメッセージだと思うのです。

食は喜びであると同時に、ある種の欲です。欲は生きる上でのエネルギーにもなりますが、それが昂じるとどこかに歪みが生まれます。大量の食糧廃棄やグルメ志向などは、深い欲の象徴かもしれません。今、我々の常識や食の在り方が問われているように思えてなりません。本論の趣旨とは直接関係ありませんが、ある時から僕は肉を食べるのを基本的に止めました。基本的にというのは、宴席や食事会などで出された時にはそのまま頂くからです。魚は普通に食べますので、ベジタリアンではありません。この習慣はまだ1年にも満たないのですが、これから自分の身体や心にどんな変化があるのかを、静かに見つめようと思います。

言葉のもつ力

本当のことって何でしょう？　事実や科学的なデータが、全部本当のことなのでしょうか。僕ら教員が学生を相手にする時、医者が患者を相手にする時、そこにある事実だけを伝えるのが本当のことでしょうか。〝嘘も方便〟という言葉がありますが、その場合、語ったことは嘘なのでしょうか。もう随分古い映像ですが、ＮＨＫが放映した『人間はなぜ治るのか』というドキュメンタリーがあります。末期ガンが自然退縮した４人の患者のストーリーです。自然退縮というのは、特別な医学的な根拠がなくて自然にガンが消えることです。自然退縮が起こる詳しい確率は分かりませんが、確かにそれはあります。このドキュメンタリーに出てくる一人の女性は、余命半年と診断された末期ガンが自然退縮しました。診断から30年以上経過しているのに笑顔で元気に生活をしている様子が、とても印象的でした。この女性は当初日本人医師に診てもらったのですがしっくり来ず、台湾人女性医師の荘淑旂《そうしゅくき》氏に診断を仰いだのでした。複数の日本人医師が彼女の状況を「余命半年」と事務的、機械的に告げるのに対して、初対面の荘先生は慈愛に満ちた優しい眼差しで一言、「な お り ま す よ!」とゆっくり微笑んだのだそうです。その瞬間に、全てが救われた、と彼女は言っております。それ以降、荘先生の教えを全て忠実に守り生活をした結果、彼女のガンは消えました。荘先生の基本的な教えとは、日々の生活を明るくポジティブな心で送ることです。もちろん他にも医学的な処置はあったのでしょうが、基本的には〝日々の気持ちの持ち方〟こそが一番大切だ、という教えなのです。そんなことでガンが治るのなら苦労はしない、と皆さんは思われるかもしれません。しかし人の精神状態が免疫機能に大きな影響を及ぼすことは今や周知の事実で、明るくポジティブな心が免疫機能を活性化することはよく知られています。しかし僕がここで言いたいのは、そのことではありません。僕が問いたいのは、荘先生の言われた「治りますよ」は、果たして本当のことだったのか、という点です。医学的なエビデンスに基づいて考えれば、日本人医師が告げた余命半年は正しい判断だったはずです。少なくとも、確率的には妥当な判断だったはずです。そして、荘先生の「治りますよ」には、明確な根拠は無かったと思うのです。さて、再度問いたいのですが、〝本当のこと〟とはなんでしょうか。この事例でいえば荘先生の『治りますよ』は、結果的に正しい判断でした。僕は思うのですが、医師や教師の発言は、時としてある種洗脳的な力を持つのかもしれません。そして言葉の持つ力、即ち言霊のようなものが実際に存在し、それが現実に影響を及ぼすのかもしれません。だとすれば、〝本当のこと〟は科学的なデータだけでは語れないのかもしれないのです。誰かとの会話の場合、大切なことは、相手が何を望んでいるか、という視点です。あるいは、状況がどの様な形に収まるのが最適なのか、という視点です。この女性の場合、〝ガンが治る〟ことこそが望まれた収束点でした。洗脳とまではいかなくても、影響力のある人の言葉は大きな力を持ちます。僕らが誰かと話をする時は、事実よりも、むしろその言葉の持つ影響力を考えないといけないのかもしれません。科学的なデータは重要ですが、それをどのような目的で、どう伝えるか、それこそが大切です。正論で相手を論破しても共感が得られなければ、相手を傷つけてしまうだけで望まれた結果には至らないのかもしれません。さて、こんな文章を書いている僕ですが、これまできっと多くの学生さんたちを傷つけてきたに違いないのです。論文を書くという作業は、極めて論理的な思考が要求されます。

卒業論文、修士論文、博士論文、これまで数多くの論文指導をしてきました。その過程で、僕は学生たちが陥る小さな論理的飛躍をいちいち指摘し、修正しました。厳しく指摘した方が良いものができると信じていました。教授という圧倒的優位なポジションにあって、理屈や知識を武器に、高圧的な態度で学生を論破してきました。未熟な学生の不十分な状況を受け入れ、それを認める心の〝あそび〟、つまり余裕が無かったのです。そのことへの反省も込めて、今この一文を書いています。それらの学生さんたちには申し訳ないと思っています。余談になりますが、この荘淑旂先生は、偶然にも《なにがあってもありがとう》の項で触れた鮫島純子さんが師と仰いだ方でした。鮫島さんによれば、「何にでも感謝の気持ちを持って接すれば、血がきれいになって疲れない」と荘先生は常々仰っていたそうです。その教えを守った鮫島さんは、100歳で天寿を全うされるまで、すこぶるお元気で活躍されました。やはり、気持ちの持ち様は我々の健康に大きな影響を及ぼしているのです。

話は変わります。南アフリカのババンバ族という現代的な生活から隔絶されたある部族のお話です。かつてこの部族では誰かが罪を犯すと、その者を村のある神聖な場所に座らせて、皆が輪になって取り囲んだそうです。そして何をするのかというと、皆で寄ってたかって、その罪人の良いところを何時間も語るのです。どんな小さなことでも、かつてその人が行った善行や、その人の優れたところ、そして子供の頃とても可愛かった話など、とにかく好ましいところを次から次へと思い出しながら皆で語るのです。僕は、このエピソードに先ほどの荘先生の事例に近いものを感じるのです。つまりは、犯した罪の深さを指摘するのではなく、その人の良いところを語り、そのように在って欲しいと願うのです。結果、罪人が改心して善人になったかどうかは分かりません。しかし、言葉の力は絶大です。自分が善人であると何度も何度も言われたら、そのように思い込むかもしれません。そして心からそう思い込めば、やがて人はその様に変わるのかもしれません。結局自分の中に在る愛に気づいた時、そしてそれを他者に認められた時、人は癒され、自らを赦し、善なる存在になってゆくのではないでしょうか。僕はこのエピソードが大好きです。そしてできるなら、いつか同じことをしてみたいです。

僕たちは今、言葉の持つ力を改めて認識すべきだと思うのです。

大調和を求めて

世の中が平和であって欲しい。これは、おそらく人類共通の願いでしょう。特にウクライナ戦争が我々の日常に暗い影を投げかける今、この思いはより現実的な祈りとして我々の胸をよぎります。僕は大学名誉教授などという偉そうな肩書を頂いていますが、実のところ社会に役立つような仕事はほとんどしていません。ましてや、世界平和に貢献できるような働きは何もしていません。謙遜ではなく、僕の成した仕事が直接社会で役に立ったことはほとんど無かったと思います。ではこれまで何をしてきたかと言えば、若い頃はスポーツ科学や健康科学の研究に従事していました。次いで取り組んだのが、身体組成の研究。これで博士号を取りました。でも、これらの研究が社会の役に立ったとは思えません。その後は霊性の研究。この辺りから大学教員としてはかなり怪しくなってきたのですが、この分野でも世間が注目するような目立った成果はありません。一方、研究のかたわら学生には自分の好きな人の生き方を伝えてきました。素晴らしい仕事をしてきた人の生き方、考え方、価値観などを伝えてきました。学生に講義するだけでなく、シンポジウムなどの形で広く一般にも伝えてきました。例えば星野道夫、龍村仁、矢作直樹、榎木孝明、飯田史彦、木村秋則、大郷博……その他、時には僕が感銘を受けた名も無き市井の人たちの仕事も伝えてきました。しかし、自分の業績を伝えたことはありません。何故かというと、伝える程の材料が無いからです。何冊か本などを書いているので講演を依頼されることも稀にあるのですが、多くの著名な先生方のように自身の業績や仕事、価値観、思想を伝えることはありません。そんなものに誰も興味を示さないからです。そんな自分のこれまでに、小さな無力感を感じることがしばしばありました。俺って、なんなんだろう。自分のオリジナルって、なんなんだろう。いつも、誰か他人の生き方や思想や価値観を伝えている自分。濁川と言えばコレ、というような独自の何かが欲しい。そんな思いでした。人は誰でも唯一無二の存在。誰もが社会に不可欠な、そこにいるだけで十分に祝福された存在。だから、そのままの自分でいいんだ、と多くの識者が言います。その理屈は十分承知しているのですが……なにか物足りなさのような、モヤモヤしたものを感じていたのです。

話は変わるようですが、僕の尊敬する矢作直樹先生は説きます。世の中を大調和に導くためには、一人ひとりがそれぞれの場所で自分の役割を一所懸命果たすことが大切だ、と。一人ひとりみんなが違っていて、違った役割を果たすからこそ社会は調和するのだ、と。大調和とは、究極の平和、すなわち世界中の人々が安心と安寧に包まれ暮らすような社会です。さらに先生は言います。平等というのは全ての人に同じ条件を与えることではなく、究極の平等とは違いを認め、区別を認めることだ、と。確かにその通りです。一人ひとり持って生まれた才能も育つ環境も違うわけですから、それぞれが、生きがいを持って好きなことに邁進できる条件を整えることこそが平等であるような気がします。その条件は、全員同じではなく多様であるべきです。一人ひとりみんな違うのだから、権利は認めるにしても、人を取り巻く全ての条件を画一的に揃える必要はないと思います。昨今のジェンダー論にみられるような、性の違いに由来する本質的な男女の違いまで無視した同一性の追求は、世の中を窮屈にし、むしろ生きづらい社会を生み出しているような気がしてなりません。矢作先生は言います。人の体には頭も心臓も手も足もあるけれど、それぞれのパーツがそれぞれの役割を果たすから、身体全体が健康に機能するのだ、と。確かにその通りです。いくら心臓が優れた働きをしても、手足が手足の働きをしなければ身体は不自由です。そんな当たり前のことを自覚した時、分かりました。自分は手足のままで良く、心臓になる必要はないのだ、と。いやむしろ、心臓になったら身体はダメになる。つまり、僕が著名な誰かの真似をして自分本来の役割を疎かにしたら、世の中はダメになる。こんな小さな僕でも、世の中に資する大切な役割が必ずあるはずだから、それに心血を注がなければ世の中は正しく機能しない。世界の大調和は生まれない。ちょっと大袈裟ですが、もう古希も近いこの歳になって、ようやくそんな思いに至りました。そして、心血を注ぐべき大切な役割とは、つまりは自分がやりたい事、好きな事、夢中になれる事だと思い至りました。宮澤賢治の『雨ニモマケズ』のデクノボーのように、それを誰かが褒めてくれなくても良いのです。

　さらに気づきました。自分のオリジナルが無いと思っていた僕ですが、自分の好きな人の生き方や思想を世の中に伝えること、それには大切な意味があり、それこそが自分のオリジナルではないか、と。それこそが、僕の天命であり使命ではないのか、と。結局、自分が好きで一所懸命やってきたことには、自分では意識しなくても大切な役割や意義があるのです。それを自覚できるかできないか、それだけの違いだと思います。それを自覚できた今、僕は凄く楽になりました。ああ、これで良いんだと、自分を認めることができました。ありがたいことです。そして、ここに至るまでの葛藤にも大きな意味があったのだと思います。何故なら、今僕は同じような思いに煩悶する他者の気持ちが良く分かるからです。人生、無駄なことは無いようです。

　自分の能力や才能や容姿に不満がある時、しかし、生まれ持ったその条件には大切な意味があり、そこにはきっと自分に与えられた大切な何かが隠されている。そんな事実に、皆さんも気付いて欲しいと思います。自分を認めると、人生が楽になります。人の仕事は、サラリーマンから農家から文筆家から家庭の主婦まで本当に多種多様。そしてそれを担う多くは無名の一般市民。その一人ひとりの仕事が、つまり市井の名も無い僕らの日々の仕事が、世界調和に貢献できているという思い。それは、日々を生きていく僕らに小さな力を与えてくれます。自分の好きなことを一所懸命やってゆくこと、それが生きるということで、世界中の一人ひとりがそれに没頭した時、世の中から争いが消え、自ずと平和がやってくるような気がします。

幸せになるために

　幸せになるためには、どうすれば良いか。おそらく全ての人間が抱く問いです。答えは至ってシンプルです。利他と感謝で日々を過ごせば良いのです。利他の行いと、感謝の気持ちで毎日を送れば良いのです。昔から多くの賢者が全く皆同じことを言い、これを実践して来ました。マザーテレサ、宮澤賢治、渋沢栄一、稲盛和夫。もう少し身近で僕の知っている人で言えば木村秋則さん、高野誠鮮さん、鮫島純子さん、飯田史彦先生。皆同じことを言います。だからきっとそうなのです。幸せになるためには、人様の為に役立つことを考え、目の前の出来事に感謝して日々を過ごせば良いのです。しかしこれは、利他の行動の前提として自分の幸せを願うのですから、見方によっては利己的な考えです。それで良いと思うのです。だって、それで周りの誰かが幸せになるのですから。

〝情けは人の為ならず〟という諺がありますが、正にこれを言っています。究極の利己は利他を通じて達成されるのです。

ダライ・ラマ法王14世は同じことを別の表現で、『人間の本性は利他と慈悲である』と言っています。本性のまま生きることができれば幸せでしょうから、利他と慈悲はやはり人を幸せに導くのです。

僕の敬愛する映画監督の龍村仁は、自分を窮地から救うように現れるシンクロニシティ、つまり予想外の〝神の計らい〟について次のように述べています。

この一見人智《じんち》を超えているように見える出来事は、実は、人事を尽くしている時にのみ起こるのだ、ということを確信するようになった。

そんなことが起こることを期待したり、自分にそんな能力があるかの如く妄想する者には絶対に起こらない。自分の力がいかに限られたものであるかを思い知り、結果については思い煩うことなく、目の前にたまたま起こっているかに見える出来事に、全身全霊で取り組んでいる時、もしそれが本当に必要なことであるなら、〝偶然の一致〟が起こるのだ。

龍村仁『地球交響曲第三番　魂の旅』90頁

そのうえで、そこに自己顕示欲や手柄を立てたいという利己的な意図があった時には絶対に起こらないと、次のように言っています。

ただ、重要なのは、それぞれの場で、さまざまな決断や選択を行っている人々の〝動機〟なのだ。〝動機〟の中に、物欲・自己顕示欲などの利己的な心が働いていると、どこかで繋がりが途切れ、〝神業〟は消えてしまう。善き〝動機〟から、世界中のあちこちで人々が人知れず行っている小さな決断や選択、それがなにかのきっかけで、〝偶然〟に繋がった時〝神業〟と見えることが起こるのだ。

龍村仁『地球交響曲第三番　魂の旅』１６８頁

つまりは、全身全霊で自分の使命に取り組み、そこに功名心やエゴがなく魂に突き動かされるような純粋な動機で事に当たっている時、神の計らいは起こると言うのです。この龍村仁の映画作りを支えた一人に、経営の神様と呼ばれる稲盛和夫がいました。言わずと知れた京セラ、ＫＤＤＩの創業者であり、窮地にあったＪＡＬの経営を立て直した日本有数の実業家です。この稲盛が経営の基本理念としたのが「利他」でした。利他に関して、稲盛は次のように述べています。

人がもちうる、もっとも崇高で美しい心——それは、他者を思いやるやさしい心、ときに自らを犠牲にしても他のために尽くそうと願う心です。そんな心のありようを、仏教の言葉で「利他」といいます。

利他を動機として始めた行為は、そうでないものより成功する確率が高く、ときに予想をはるかに超えためざましい成果を生み出してくれます。

事業を興すときでも、新しい仕事に携わるときでも、私は、それが人のためになるか、他を利するものであるかをまず考えます。そして、たしかに利他に基づいた「善なる動機」から発していると確信できたことは、かならずやよい結果へと導くことができたのです。

稲盛和夫『心。』19頁

先に記した僕の尊敬する素敵な人たちは、誰もがご自身の使命に邁進しつつ利他の眼差しを忘れません。だからこそ、世の中に受け入れられ、役に立ち、同時に神の助けも働いたのでしょう。そして何よりも、その行いには大きな喜びが伴ったはずです。そのプロセスではたくさんの困難もあったのでしょうが、やはり使命を果たす大きな喜びの中に在ったのだと思います。それに引き換え、僕は思うのですが、世界の大富豪と呼ばれるイーロン・マスクのような人たちや、権力の座にある米国や中国やロシアの首脳などはちっとも幸せそうに見えません。やはり幸せは、富や権力とは別の所にあるようです。

幸せになるために、利他と共にもう一つ大切な〝感謝の心〟。それは、鮫島純子さんが唱える「なにがあっても、ありがとう。」の心です。3年くらい前から僕は、〝ありがとう〟を頻繁に唱えるようになりました。それはある本を読んだ影響で、その本には、「ありがとう」という言葉には魔法のような力があって、これを頻繁に唱えると幸せになると書いてあり、いくつかのエピソードと共に筆者の体験談が紹介されていました。本当に運が良くなるのか、自分自身で確かめたくなったのです。以降僕は、人と接した時には、できるだけ「ありがとう」を言うように心掛けました。コンビニのレジの店員、珈琲を運んでくれたカフェのウエイトレス、授業を聴いてくれた学生さん、もちろんご飯を作ってくれる妻へも。最初はぎこちなかったのですが今ではすっかり慣れ、無意識に「ありがとう」の言葉が出ます。運の良し悪しの前に、この言葉を発した時にとても気持ち良くなる自分を発見しました。もちろん、鮫島さんのように自分のお金をだまし取った詐欺師にまで「ありがとう」を言うことはできないのですが、多少ムッとするようなことをされた時でも、一つ深呼吸をして、心の中で「ありがとう」を唱えてみます。そうすると、そのムッとした思いをいつまでも引きずらなくて済むことが分かりました。そして、確かに運が良くなって来た気がします。仕事が思いのほか順調に進み、ありがたいご縁、人脈が広がり、同時に周りの人間関係も凄く良くなって来た気がします。

量子力学の世界では、全ての物質の最小単位である素粒子があたかも心を持っているかのように、観察者の意志を検知すると振る舞いを変えることを示唆します。ある米国の生物細胞学者は、我々人間の細胞の一つ一つは感性を持っており、心の状態が直接細胞に影響を及ぼすと語ります。また遺伝子工学の世界的権威であった村上和雄先生は、余命数カ月と診断されたある女性がん患者が、来る日も来る日もがん細胞に感謝の気持ちを込めて「ありがとう」と唱えた結果、がんが消えてしまったエピソードを紹介しています。(『致知』２０１６年2月号（致知出版社）)この女性は、村上先生のご著書を読んで、自分の心が遺伝子のオンオフに影響を与えることを知りました。さらに、〝感謝〟の気持ちががん細胞の状態を制御する遺伝子に良い影響を与える可能性を持つことを知りました。この事実に歓喜し希望を見出した女性は、毎日毎日「ありがとう」の気持ちをがん細胞のみならず全身の細胞に送り続けました。その結果、「ありがとう」が10万回くらいに達した時、がん細胞は全て消えていたというのです。先に紹介したがんの自然退縮に含まれる一例であり、紛れもない事実です。このように最新の科学的知見は、心の持ちようが直接身体に影響を及ぼす事実を語ります。そしてこの事実は、観方を変えれば、我々自身が自分の思い一つで身体の状態をコントロールできる、という可能性を示唆するのです。感謝の気持ちは、確かに幸せを運んでくれるようです。

1年ほど前から、僕はほぼ毎日近所の遊歩道のゴミ拾いをしています。時間にしてわずか10分足らずで、軽い散歩みたいなものです。今はもう習慣になっており、雨降りの日以外は早朝のジョギングの後欠かさずやっています。切っ掛けは、知人から紹介されたある女性編集者に、「毎日五つゴミを拾ってください。そうすると先生の運気が凄く上がります。先生は今生でとても大切な使命を担っています。それを実現するためにも、是非毎日ゴミ拾いをしてくださいい。」と言われたことです。この方は、編集者だけでなく未来を読む占い師でもありました。「先生は今生でとても大切な使命を担っています。」

という首を傾げたくなるようなこの言葉に気を良くした僕は、運気の上昇はともかく、ゴミ拾いくらいならできそうだと考えて始めました。定年退職して時間もあるし、何か少しでも世の中の役に立つ事をしたいと思っていた矢先だったので、ちょうど良かったのです。しかし始めてみると、いやはや本当に色々なゴミが落ちているものです。紙くず、タバコの吸い殻、マスク、ちょっと目立ちにくい灌木の茂みには缶コーヒー、カップ酒の空きビン、コンビニ弁当の残骸……。何気なくこの遊歩道を歩いていた時には、ほとんど気付きませんでした。やはり、見ようとしないと物は見えないものです。昨日片付けたはずなのに、同じ場所に同じ飲みかけの缶コーヒーなどが捨てられていると、当初はムッとしました。「片付ける身にもなってみろ」、と心の中で叫んでいるのです。そこで思い出すのが、鮫島純子さんの「なにがあっても、ありがとう」です。ああ、まだまだ俺は人間ができていないなあ～などとつぶやきながら、本心からではないのですが、半ば無理やり「ありがとう」と小声で繰り返します。そうすると、さっきまでの小さな怒りがスーッと引いて行くのが分かります。これは有り難い発見です。「ありがとう」

は、自分の気持ちを穏やかに静めてくれるのです。当初は自宅のゴミが増えるので迷惑顔だった妻も、今では時々手伝ってくれます。これも有り難い変化です。スピリチュアルな世界ではよく言われることですが、自分が発する言葉の波動が同じ波動の世界へと自分を導くのかもしれません。「ありがとう」、つまりは感謝と幸福に満ちた世界へ。そんな利己的な期待を込めて、僕は小さな利他を実践しています。

そして最後に、これはとても大切なことです。

勘違いしそうですが、ここで言う「利他」とは、自分を犠牲にすること、本来自分がやりたい事を投げ捨てて人様に尽くす事とは違います。あくまでも自分の使命、天命に沿って生きることこそが人生の最優先事項です。そこにあるのは、功名心などを超えた純粋な自己実現への意志です。そのうえで、つまり自分の使命を全うする過程で、人様の幸せを願うのです。私利私欲を優先するのではなく、あくまでも自分の行いで他者をどれだけ幸せにできるかを考えるのです。尊敬する先人たちは、皆その道を歩いて来ました。まあ、足元にも及ばない爪の垢ほどのモノマネですが、僕は少しでも、1ミリでもその人たちに近づきたいと思うのです。さて、これからの自分の人生の展開が楽しみです。

戦争とメディア

2022年2月24日、ロシアとウクライナの間でついに戦争が始まりました。先の大戦以降、長きにわたり我々日本には平和な社会が続き、戦争を実感することはありません。これは平和憲法の下、先人たちが命がけで続けてきた努力のお陰です。心底から〝ありがたい〟と思います。しかし世界に目を向ければ、先の大戦以降も戦争、内戦、紛争の類いは後を絶ちません。ベトナム戦争、湾岸戦争、コソボ紛争、アフガニスタン紛争、イラク戦争……世界中に争いが無かったという時代は皆無です。これが世界の実態です。

それにしても、人は何故戦争をするのでしょうか。根底にあるのは〝恐れ〟です。物質的価値に幸福を求め、国という単位でその幸福を維持拡大したいという欲求が根底にあり、それが阻害されるのではないか、という〝恐れ〟から人は戦争を引き起こすのだと思います。そもそもの誤りは、物質的に豊かになれば人は幸せになるという妄想でしょう。それは錯覚です。ブダペストクラブ創設者のアーヴィン・ラズロ博士は、その著書『ＣｏｓＭｏｓコスモス』（講談社）の中で、幸福度の国際比較調査を行った結果、より多くを持てば幸福になるとは限らず、むしろ多くの場合は逆効果であることを指摘しています。かつて世界一幸福度が高い国とされたブータン王国をみても、そこが世界一物質的に豊かな地だったとは思えません。もちろん国が豊かになることは良いことです。しかし、領土を奪い拡大しても、経済的に豊かになっても、それが国民の幸せに直結するとは限らないのです。ましてや戦争で奪い取った豊かさは、その代償として必ず敗戦国民の恨みを買い、その遺恨は未来に引き継がれることでしょう。それは、次世代の不幸の火種として残るかもしれません。ロシアとウクライナの戦いを見てつくづく思うことは、どちらが勝っても負けても、あの戦火で奪われた命が戻ることは無いし、破壊された街のなんと無残なことか……という感想です。目を覆いたくなる惨状ばかりです。

「戦争はしない」ことを前提としながら、武力を蓄えることのなんと愚かなことか。

お互いに使わないことが前提になっている、抑止力という名の核武装。それに飽き足らず、バランスを保つための軍事拡大というエンドレスゲーム。バランスを保つのが目的であれば、そんな危険なモノいっそのこと「よーいどん」でお互いに捨てたらどうでしょう。お互いが100を持って均衡がとれるのなら、お互いが0でも均衡はとれます。こんな簡単な理屈、誰でも分かります。アメリカの1年間の軍事費用のわずか3％で、世界の飢餓が救われるという試算もあるのです。その一方で国連の席上では、世界の貧困や飢餓が大きな問題として議論されるのですから、実にアホらしい話です。人間とは本当に愚かな存在ですね。それでもこの愚かな状況が変わらないのは、おそらくこの状況を変えない方が良いと考える「勢力」が存在するからでしょう。その勢力は、世界を動かす大きな力を持っているのでしょう。そして人々が物質的な価値にばかり目を奪われているうちは、きっとその勢力の支配は続くのだと思います。

僕が勉強をしたトランスパーソナル心理学という学問領域があります。そこでは、「この世の全てのモノ、森羅万象は不可分の一体である」と説きます。感覚として、我々には自他の区別や個々の違いが認識されますが、それは脳がもたらすある種の錯覚で、宇宙の本質は自他一体であることを哲学的に説明します。脳は色々な情報を処理し、時に様々なバイアスを受けながら、実態とは異なる状況を人間に感じさせるのです。スピリチュアルな世界観では、この世界をワンネスと捉え、自他の分離感は錯覚であると説きます。もしかしたら、トランスパーソナル心理学やスピリチュアルな思想が説く世界観、これこそが宇宙の真理なのかもしれません。いや、これが真理であるかどうかはひとまず置いて、そう考えた方がこの世界は平和になります。なぜなら、自他一体であれば、自分である他者を攻撃することなどあり得ないからです。スピリチュアルな事象は、非科学的という理由でしばしば一笑に付されがちですが、それが我々の気持ちを優しく豊かにしてくれるのであれば、あまり頑なにならずに、時にそれを受け入れてみてはどうでしょうか。

話は変わります。今回のウクライナ戦争の報道に接し痛感したことがあります。それは、我々にもたらされる情報が如何にコントロールされているか、という点です。誰かの都合の良いようにコントロールされています。その誰かとは、概ね時の権力者、さらにはその権力者を陰で操る存在です。従って現代を生きる僕たちには、メディアが流す情報の何が真実かを見極める能力が求められるのです。情報リテラシー、これはインターネットやSNSの時代を生きる我々にとって極めて大切な身に着けるべき素養です。

　ウクライナには、親ロシア派と呼ばれロシア語を日常言語とし、ロシアに強い親近感をもつ市民が一定数存在します。実は、これらの市民への政権による過酷な弾圧がありました。彼らはロシア語を使うことを禁止され、就職では差別され、何よりも年金、医療、雇用、介護などの社会保障制度を停止されるという現実がありました。そんな状態の中、ウクライナが事実上の内戦状態に陥って以来これまでに13000人以上のロシア系住民が虐殺されてきました。これは事実で、国連人権理事会もこれを認めています。しかしこの報道は、テレビなどの一般のメディアでは全く流れません。これを主導したのは、主にアメリカから支援を受けたウクライナ軍とアゾフ大隊です。そもそもの原因を辿れば、この戦争のきっかけを作ったのはアメリカです。2014年にオバマ政権下のアメリカは、ウクライナをNATOに引き込みたくて、軍事介入でクーデターを起こしました。アメリカがコントロールし易い政権を作りたかったのです。政権転覆はまんまと成功し、時のヤヌコビッチ大統領はロシアに亡命しています。その後、億万長者のペトロ・ポロシェンコが大統領に就任しウクライナをNATOに導くと宣言したのです。この辺りの経緯に関しても、日本のメディアは何も語りません。その報復として2014年にロシアによるクリミア併合があり、内戦は激化します。そして翌2015年には内戦を治めるためのミンスク合意がなされました。しかし、その後もNATO軍はウクライナで合同軍事演習を繰り返し、執拗にロシアを刺激し続けました。プーチン大統領は、これ以上NATOが東方拡大を続けるなら軍事介入も厭わないと何度も警告を発しているのですが、全て無視されました。まるでロシアに戦争をさせたいような振る舞いです。戦争が始まると誰か得をする人がいるのでしょうか。結果、ついにプーチンは大規模なウクライナ侵攻を決めたのです。

いかなる理由があるにせよ、何の罪もない一般市民の命が大量に奪われる戦争など断じて許されるものではありません。その意味では、戦争を始めたプーチンの決断は責められるべきであり、罪もない多くのウクライナ市民の命を奪ったその責任は極めて重大です。しかし、今回の戦争の全ての責任はロシアにあるがごとき報道は一方的です。日本のマスメディアは、西側諸国からみて都合の良い側面しか伝えない。つまり我々に届く情報というのは、誰かの都合の良いように完全にコントロールされているということです。それは、このウクライナ戦争の報道だけではなく、コロナ騒動やワクチンを巡る問題その他、1985年の日航機墜落事故、世界を震撼させた2001年の同時多発テロなどに関しても全く同様です。

現在はインターネットの時代で、マスメディア以外の情報にも簡単にアクセスすることができます。そこに流れる情報は玉石混交でしょうが、マスメディアと違った視点、違った見解の報道も散見されます。何が真実なのか。どこに真実があるのか。今、我々のそれを見抜く力が問われています。その見抜く力とは、ある種の感性であり、霊性に根差した直感のような気がします。

話を戻しますが、お互いに使わないという前提で備えた軍備など、「よーいどん」で全ての国が捨てたらどうでしょうか。戦争を根絶するためには、原理的にこれしか有りません。僕の尊敬する元国連職員の萩原孝一先生は、日本こそが率先してこれをやるべきだ、と訴えます。唯一の被爆国で核の持つ悲惨さを身をもって体験した日本であるからこそ、今、国連総会の席上で堂々と武力の全廃を訴え、〝究極の不戦〟を明確に示すべきだと主張します。同感です。ただし、その時には覚悟が必要です。一方的な攻撃で命を奪われてもよい、という覚悟です。自分のみならず、愛する人が蹂躙されても拷問されてもよい、という覚悟です。お前に覚悟はあるか、と問われれば、〝はい〟とはなかなか言えません。しかし、原理的にはこれしかないのです。はたして、その覚悟が自分に持てるか。果たして、どうか。今は自分に問い続けるだけです。それは同時に、自分の死生観や信念が問われているのかもしれません。

あぶらむの森

岐阜県飛騨高山の山里に、「あぶらむの里」という小さなコミュニティがあります。大郷博《おおごうひろし》という人物が拓いた「疲れた人が一度立ち止まり、自分を見つめ直すための空間」です。小ナラの林に囲まれた広大な敷地には、静かに小川が流れ季節ごとに土地の花々が咲き乱れます。敷地には旅人を癒す「あぶらむの宿」の他12棟の木造りの建物が点在するのですが、一番古い「諸魂庵《しょこんあん》」はなんと江戸期宝永元年（1704年）の住居で、300年以上経過した今でも全く衰えをみせない見事な建造物です。樹齢数百年は優に超える巨木と白壁が作り出す諸魂庵の空間に立った時、そこには普段とは全く違う時の流れを感じました。その静寂は、時間を無くしたような不思議な感覚を僕に与えてくれたのです。そこにたたずむだけで瞑想をしているような……静寂の中で全身が透明になるような不思議な感覚です。わずか数分間だったと思いますが、とても永い時間そこに居たような気がしました。

とあるご縁を頂いてあぶらむの里に大郷博先生を訪ねたのは、今まさに満開という桜が咲き誇る春でした。飛騨古川駅のホームに降り立った時、白い髭をたくわえ真っ黒に日焼けした彫りの深い顔が目に入りました。初対面でしたが直ぐに分かりました。大郷先生です。「濁川です」と言って握手した時、その「手」に圧倒されました。ずっしりと僕の手を掴んだその手は分厚くごつごつと節くれ立って、そのくせとても温かかったのです。その瞬間、「負けた」と思いました。なぜか、負けたと思いました。大郷先生は夢の実現の為に飛騨の山里の一画を買い取り、そこを自ら重機で切り拓きました。そして、10棟以上ある建物のほとんどを自らの手と身体だけで造り上げたのでした。昔好きだった倉本聰のテレビドラマ「北の国から」の世界を地で行くような、そんな先生です。そんな人の「手」に勝てるわけがありません。しかしその夢は、それまでの安定していた職を辞し、退路を断って挑むほどに大切だったのでしょうか。「あぶらむの里」は一つの賭けでした。もし失敗したら、家族を抱えてどうするのでしょうか。夢が大きければ大きいほど、最初の一歩はなかなか踏み出せないものです。「転んだら、また立ち上がればいいんだ！」失敗を恐れるよりも、まず自分の夢に飛び込んでみる。失敗したら、そこからまた立ち上がればいいんだ。これぞ、大郷先生の真骨頂です。僕の大好きな星野道夫の言葉、「大切なことは出発することだった」、この言葉を地で行くような大郷先生の行動でした。

僕と大郷先生を繋いでくれたのは、今は亡き写真家の星野道夫です。僕は星野道夫を敬愛し自らの研究対象にもしておりました。それを知っている飛騨高山在住の知人が、大郷博という人の書いた『あぶらむへの道―その旅の途上で出会った人々―』という本を送ってくれたのです。添えられた手紙には、星野道夫との交流を書いた一節があるよ、と記されていました。それが大郷先生とのご縁の始まりでした。そして読み進めると、なんと大郷先生は僕が30年以上も在職した立教大学に、8年間チャプレン（教会の牧師）として奉職されていたのです。僕が立教大学に勤務する2年前に退職していましたので、大学時代に関わることはありませんでした。立教大学を去った大郷先生は、ご自身の夢「あぶらむの里」を始められたのでした。

そんな大郷先生の人生を支えたのは、アメリカのホテル王と呼ばれたスタットナーの「人生は奉仕なり」という言葉です。この言葉をバックボーンにした大郷先生の生き様や価値観は、僕ら現代人に多くの示唆を与えてくれます。そのいくつかを紹介したいと思います。

転んだら立ち上がればいいんだ

ハンセン病はかつて〝らい病〟と呼ばれ、結核と同様日本では過去の病気になりつつあります。しかしその患者には、筆舌に尽くし難い差別を受けてきた苦難の歴史があります。親や兄弟姉妹と一緒に暮らすことができない。実名を名乗ることができない。結婚しても子供を生むことが許されない。一生療養所から出ることができない。死んでも故郷の墓に埋葬してもらえない。こんな差別が、当然のごとくまかり通っていたのです。らい菌の感染力は本来とても弱く、普通の免疫力さえあれば他人にうつることはほとんどありません。しかし病状が進むと手足が変形したり顔がただれたりすることがあり、時に「異形」とも見える容姿になるため、信じられないような差別の対象とされてきたのです。

若き日の大郷先生は、キリスト教の牧師として「愛楽園」という沖縄にある療養所に通いハンセン病者に寄り添ってこられました。そこは、時に立教大学の学生を伴っての課外活動の場でもあり、学生にとって大きな学びの場でもありました。そんな学びの場を与えられた大郷先生の門下生は、なんと幸せだったことか。その愛楽園で大郷先生は、山城タケさんという一人の女性と出会います。そのタケさんから、大郷先生は人生の道標となる大切な言葉を頂いたのでした。タケさんのかつての暮らしぶりは、そのまま当時のハンセン病者に対する差別と偏見を物語ります。少し長いですが、タケさんのことを記した大郷先生の文章を以下に引用します。

タケさんが発病を知ったのは10歳の頃、そのため学校は小学校5年生までしか行けなかった。家に閉じこもり悶々とする日々、タケさんの病気が理由で、弟や妹はいじめられ、学校から泣いて帰ることが度々あったという。また、家にいると、那覇の町や内地、たとえば大阪や東京などへ出稼ぎに行った友だちから、それぞれの家庭に送金があった話を聞かされた。その話を聞くたびに自分が恨めしくて、惨めな思いをしたそうだ。そして、自分がこのような病気にならなければ、両親に少しは楽をしてもらうことができるのにと、涙を流して親不孝を詫びたという。

あまりもの世間の仕打ちに、自分さえいなければと思い、家を出ることにした。集落から3㎞ほど離れた海岸に小屋を建て、畑を耕し海に潜って漁をして、18歳から28歳までの、人生でいちばん華やいだ年代をタケさんは一人で生活した。「夕暮れ時がいちばん淋しかった」とタケさんは言った。その頃、お月様の中に神様がいると漠然と思い、夜になるといつも空を仰いで、「神様、なぜ私を、私一人をこんな病気にしたのですか。私は何も悪いことをしていないのに、どうして私一人を、人に嫌われ家族と一緒に暮らせない病気にしたのですか。ねえ、神様、私を助けてください」と言って手を合わせ、そして白い砂浜に座って泣いたという。

そんなある日、父危篤の連絡が入った。近所の人の目が怖くて家に行くことはできなかった。そして父の死。家人が訪ねてきて、これだけは務めだからきちっとお別れしなさいと、きつく申していったという。その時のようすを語るタケさんの表情を私は忘れることができない。「人が怖くて、人と顔を合わせることが怖くて。父が亡くなった日その夜を待って、私は家を出てから初めて家に向かった。人に会うのが怖かったから、墓場から墓場へと身を隠しながら家に近づいた。途中、どうしても橋を渡らなければならなかったが、橋の上で人に会うのが怖く、着物を頭にのせて川を渡った。家にはあがることなく、遠くからお父さんに我が身の不幸をお詫びし、お別れしました」――これがタケさんの青春だったのです。

そんなタケさんが、面談の最後に私に言った。「大郷さん、長い人生の中、たくさんの山坂を越えなければなりませんョ。時には転ぶ時もありますョ。でも、転んだら起き上がりなさいね」。

大郷博『CAMINO de ABRAM あぶらむへの道―その旅の途上で出会った人々―』83頁

この「転んだら起き上がりなさいね」という言葉は、その後大郷先生の心の中を激しく駆け巡ることになります。そして、これまでの大郷先生を打ち壊してしまったそうです。それまでの先生は、人生において転ぶことを恐れ、「転ばぬ先の杖」を太く強くするように生きてこられた。「人生において、転ぶことを恐れていた自分があった」、と書いていています。しかし、それは極当たり前のことでしょう。誰だって転びたくはありません。ましてや、人生という旅路においては。しかしこの言葉は、大郷先生の生き方を根本から変えました。大郷先生は、「人生とは転ぶものだ、そして転んだら立ち上がればいいんだ」、という考えに立ったのでした。以降、この言葉が大郷先生を支え、ここまで導いてきました。先が全く見えない「あぶらむの里」へ飛び込んで行けたのも、この言葉があったからです。

転ぶことが良いことだとは決して思いません。できれば転びたくはないものです。しかし、人生、小さな失敗は必ずあります。そのたびに、僕のような小さな人間はくよくよ考えます。でも、そんな小さな「転び」から人生を変えるような大きな「転び」も含め、転んだら立ち上がれば良いのです。山城タケさん、そして大郷先生は、それを教えてくれました。

ある時大郷先生は、タケさんが一人で暮らした海岸べりを訪れたそうです。そこは砂浜がほんの少しあるだけで、大部分は石や岩のゴロゴロした自然条件の厳しい場所でした。タケさんは、青春と呼ばれ人生でもっとも華やぐべき時期を、誰に会うこともなくただ一人、わが身の不幸を月に問いながらこの地で暮らしてきたのです。そのことを想い、先生は泣けて泣けて仕方なかったそうです。タケさんが月に向かってひざまずき祈る姿を思い浮かべた時、僕も涙が止まりませんでした。

もうひとつの時間

　圧倒的な自然体験は、時に僕たちを根底から変えてしまうような力を秘めているのかもしれません。
　先にも記しましたが、僕と大郷先生を繋いでくれたのは写真家の星野道夫でした。星野道夫の名著『旅をする木』(文藝春秋)の中に、僕の大好きな「もうひとつの時間」と題する一節があります。そこでは、我々が都会で生活しているその時にアラスカの自然や動物たちにも同じ時間が流れている、その当たり前の事実が瑞々しい文章で綴られています。その中にこんなシーンがあります。その時、星野道夫はオーロラの撮影のため厳冬期のアラスカの氷河に来ていました。

　ここは宇宙と対話ができる不思議な空間だった。四〇〇〇〜六〇〇〇メートルの高山に囲まれた氷河の上で過ごす夜。暗黒の空を生き物のように舞う冷たい炎。それは、壮大な自然の劇場で、宇宙のドラマをたった一人の観客として見るような体験だった。ぼくはこの時間を誰かと共有したかった。

星野道夫『旅をする木』「ルース氷河」114頁

なんという情景でしょう。〃宇宙と対話ができる空間〃。そこにはオーロラが舞って、星々が静かに降りそそぐ。こんなシーンに出くわした時、僕たちはその意味を本当に理解することはできず、ただ何かにひれ伏すしかないのかもしれません。そして、こんなシーンに接したなら、自分の中で〃何かが確実に変わる〃ような気がします。それは多分、星野道夫が友人と交わしたこんな会話のようなことなのでしょう。

ある夜、友人とこんな話をしたことがある。私たちはアラスカの氷河の上で野営をしていて、空は降るような星空だった。オーロラを待っていたのだが、その気配はなく、雪の上に座って満天の星を眺めていた。月も消え、暗黒の世界に信じられぬ数の星がきらめいていた。時おり、その中を流れ星が長い線を引きながら落ちていった。

「これだけの星が毎晩東京で見られたらすごいだろうなあ……夜遅く、仕事に疲れた会社帰り、ふと見上げると、手が届きそうなところに宇宙がある。一日の終わりに、どんな奴だって、何かを考えるだろうな」

「いつか、ある人にこんなことを聞かれたことがあるんだ。たとえば、こんな星空や泣けてくるような夕陽を一人で見ていたとするだろ。もし愛する人がいたら、その美しさやその時の気持ちをどんなふうに伝えるかって？」

「写真を撮るか、もし絵がうまかったらキャンバスに描いて見せるか、いややっぱり言葉で伝えたらいいのかな」

「その人はこう言ったんだ。自分が変わってゆくことだって……その夕陽を見て、感動して、自分が変わってゆくことだと思うって」

星野道夫『旅をする木』「もうひとつの時間」１１９頁

感動して自分が「変わること」とは、つまり自分が「成長する」という意味です。自身の成長する姿を見せて感動を伝える。凄いなあ〜、なんという気の長い発想だろう。星野道夫と会話を交わす素敵な友人の姿を思い浮かべながら、そんなふうに僕は思いました。そして、ここに書かれていた「その人」こそ、なんと大郷先生だったのです。確かに大郷先生はご著書の中で、ご自身の体験として同じ意味のことを書かれていました。しかし僕は、まさか星野道夫の文章の中に出てくる「その人」が大郷先生ご自身だとは知る由もなく、「星野道夫が先生と同じ事を書いています」と、無邪気にも誇らしげに先生に教えてあげたのです。それがご本

「もうひとつの時間」の大郷博先生と。「星野道夫の木」の前で。

人だという事実を知らされた時、僕は冗談抜きにひっくり返りそうなほどビックリしました。そして同時に、とっても嬉しかったのです。頭の中で密かに憧れていた「その人」が目の前にいるのですから。と同時に、星野道夫その人をとても身近に感じる事ができて……本当に嬉しかったのでした。

変わりたくても、なかなか変わることができない自分がいます。成長したいと願いつつも、なかなか成長できない自分がいます。「圧倒的な自然体験」というもう一つの時間は、もしかしたらそんな願いを叶えてくれるのかもしれません。

この「もうひとつの時間」と題する一節の中には、こんなエピソードも書かれています。それは星野道夫の友人の女性がアラスカを旅して、巨大なザトウクジラが海を割って跳びあがる、という圧倒的なシーンを目の当たりにし絶句する物語です。帰国後彼女は星野道夫に宛てた手紙の中で、次のようにその感動体験を記すのでした。

東京での仕事は忙しかったけれど、本当に行って良かった。何が良かったかって？

それはね、私が東京であわただしく働いている時、その同じ瞬間、もしかするとアラスカの海でクジラが飛び上がっているかもしれない、それを知ったこと……（後略）

星野道夫『旅をする木』「もうひとつの時間」１２３頁

こう語る彼女のエピソードを紹介しながら、星野道夫は次のように書いています。

ぼくたちが毎日を生きている同じ瞬間、もうひとつの時間が、確実に、ゆったりと流れている。日々の暮らしの中で、心の片隅にそのことを意識できるかどうか、それは、天と地の差ほど大きい。

星野道夫『旅をする木』「もうひとつの時間」１２３頁

目の前の慌しい生活が自分を飲み込みそうになった時、実はそれが世界の全てではなく、ちょっと心の目を凝らせばアラスカに野生動物たちが瑞々しく息づいている。そのシーンを心に描くことで、心の中に「もうひとつの時間」を持つことができると星野は言うのです。「もうひとつの時間」は、ふーっと大きく息をして肩の力を抜くような安心感を私たちに与えてくれます。それは同時に、僕たちを強くしてくれることに他なりません。なぜならば、近視眼的に一つのことに囚われて身動きできなくなっている自分を解放してくれる可能性を持つからです。見方を変えれば、それは心の中で自分の存在を空から俯瞰し、相対化するような視点を持つということです。自殺を考えるような人には、是非この視点を持って欲しい。もちろん、僕たちの誰もがアラスカのような壮大な自然を知っているわけではありません。しかし誰もが持っている小さな自然体験へ思いを馳せることでも、「もうひとつの時間」を持つことは可能だと思うのです。大郷先生が言うように、転んだらこの「もうひとつの時間」に想いを馳せ、気持ちを切り替えて立ち上がれば良いのです。

自然体験による感動はゆっくりと醸成し、「もうひとつの時間」という余裕を私たちにもたらし、仮にそれが日常で意識できなくても潜在意識に保存され、必要な時に呼び起こされる。人間には、ひれ伏すような圧倒的な自然に包まれ言葉を失う時間が必要なのかもしれません。

心が追いつくまで待っています

大郷先生の「あぶらむの里」には、とても大切なものがあります。現代人が見失ってしまった大切なものがあります。それを一言で言えば、気の長い時間感覚です。つまりは性急に結果を求めず、〝じっくり待つ〟という姿勢です。このじっくり待つ、という視点こそ現代人が失った最も大切なもので、現代社会に横たわる多くの問題の遠因はここに在るように僕には思えます。僕たち現代人は自然のサイクルという悠久の時の流れに身を任せることができず、先へ先へと事を急いだ結果、環境問題をはじめとする多くの問題を抱え込んだのではないでしょうか。

あぶらむの里を運営する大郷先生のポリシーを要約すると、概ね以下の3つに集約することができます。

①人生という旅の途中で迷ったら立ち止まること、積極的立ち止まりを提案し、その場を提供すること。

②買うことはあっても創ることが少なくなった時代の中で、改めてものづくりを大切に実践すること。

③人と自然、そして全ての背後にある大きな力、この3つの力の中でこそ人は育つという信念の下、人づくりを実践すること。

これらの根底にあるのは、いずれも〝じっくり待つ〟という姿勢です。先へ先へと追い立てられ立ち止まることが許されない現代社会にあって、大郷先生は一度立ち止まることを提案します。人生の旅路で疲れ傷ついた人々に、立ち止まることを勧めます。ものを創るというのは、時間のかかる作業です。そして自然の中で人を育てるという思想は、人智を超えた大いなる力に身を任せて待つ、という考えに通じています。全ては〝待つ〟ことが根底にあるのです。

　事実、大郷先生の日常には時代錯誤のような気の長いところがあります。このインターネットの時代にあって、ＳＮＳを一切なさらないのです。メールもラインも使えません。ですから細かい連絡は結構大変で、電話か手紙になります。手紙もワープロ書きではなく、全て手書きです。実を言うと、細かいスケジュールなどをお伝えする時など、僕はそこに不便を感じました。でも考えてみれば、昭和や平成の初期ではそんな生活が当たり前で、誰も特に不自由や不便など感じなかったわけです。如何に僕たちの生活が加速されてきたかが分かります。

　星野道夫の『旅をする木』の中に、「ガラパゴスから」と題する一節があります。そこには、僕たち現代人とは別の時間感覚で生きている山人の話が出てきます。こんなお話です。


　以前、こんな話を読んだことを思い出しました。たしかアンデス山脈へ考古学の発掘調査に出かけた探検隊の話です。大きなキャラバンを組んで南アメリカの山岳地帯を旅していると、ある日、荷物を担いでいたシェルパの人びとがストライキを起こします。どうしてもその場所から動こうとしないのです。困り果てた調査隊は、給料を上げるから早く出発してくれとシェルパに頼みました。日当を上げろという要求だと思ったのです。が、それでも彼らは耳を貸さず、まったく動こうとしません。現地の言葉を話せる隊員が、一体どうしたのかとシェルパの代表にたずねると、彼はこう言ったというのです。

〝私たちはここまで速く歩き過ぎてしまい、心を置き去りにして来てしまった。心がこの場所に追いつくまで、私たちはしばらくここで待っているのです〟

星野道夫『旅をする木』「ガラパゴスから」41頁

心を置き去りにして、先を急ぐ僕たち現代人。加速される時間の中で、自らの心を見失い、他者の失敗や躓きを許さない現代人。星野道夫の文章や大郷先生の生活は、そんな自分の姿に、はっと気付かせてくれます。

　不登校の若者や家庭裁判所観察下にある少年の更生指導に、時間をかけ、じっくり向き合う大郷先生。必要な住居や建物は時間をかけ自分で作る大郷先生。そこには、〝待つ〟という思想が流れています。〝競争〟の意識から〝共生〟の意識へと変換を図るためには、時に、〝静けさの中でじっくり待つ〟という時間が必要なのかもしれません。

　そんな大郷先生が大変な時、いつもそこには神の助けがありました。広大なあぶらむの地を買い取る時、先生に潤沢な資金があったわけではありません。ましてや、そこに住居を作る資金など皆無です。しかし先生は言います。「必要な時には、いつも天の助けがあった。必要なお金は空から降ってきた」と。私心の無い大郷先生の夢の実現に友人たちが奔走し、数千万円の資金があっという間に集まったそうです。「我欲のためではなく、自身の使命に従って全身全霊で事に当たる時、必要ならば神の助けは与えられる」これは僕が敬愛する映画監督龍村仁の言葉です。正に、この通りのことが大郷先生に起きたのでした。

大郷先生がこしらえた建物には、いくつかの住居のほか夏のビアガーデンやツリーハウス、道具小屋などたくさんあるのですが、現在に至ってもなお建設途中の建物がありました。それは木造りの大きな建物で、そこを子供たちの自然教育の拠点にしたいそうです。いくつになっても先生の夢は尽きません。そんな先生の建造物の中で、最高傑作は何と言っても里の真ん中に鎮座する五右衛門風呂でしょう。夕暮れ時、この五右衛門風呂にじっくり浸かって静かに目を閉じれば、それだけで時間がゆっくり流れる感覚を味わうことができます。そして、風呂を出れば空に満天の星々が歌っています。さて、残るは後継者問題。既に70歳を超えた大郷先生にとって、「あぶらむの里」の維持はそろそろ体力的に限界が近づいているのではないでしょうか。現代という砂漠にひっそりと佇むオアシスのようなこの場所を、体力と夢をもった若い人が継いでくれること切に願います。

信じられない話

皆さんは、月の表面に不自然な構造物があると言ったら信じられますか。アンテナらしきものや建物があると言ったら、信じられますか。99％の人は信じないでしょうね。でも僕は信じます。いや、頭が狂ったわけではありません。カルト宗教に洗脳されたわけでもありません。理由は単純で、高野誠鮮《じょうせん》さんがそう言っているからです。僕は誰かの話の信憑性を推し量る時、もちろんその内容も大切ですが、それを誰が言っているのか、それこそが大事だと思っています。絶対的に信頼できる人の話は、中身がどうであれ僕は信用します。実は誠鮮さんとは数回しかお会いしたことがないのですが、直感で分かるのです。この人は、決して嘘をついたり法螺《ほら》を吹いたりする人ではないと。むしろ真逆で、とても正直な人だと。命がけで地球の未来、人類の未来のために行動している誠実な人だと。つまりは本物です。そんな高野誠鮮さんのエピソードや、最近の発言を紹介したいと思います。何故なら、これほどまでに世の中が混とんとして不安定な今を生きる僕たちにとって、それらのメッセージはとても大切だと思うからです。

誠鮮さんは色んな顔を持つ人です。一つめは公務員としての顔。彼を称して、スーパー公務員と言う人もいます。10年近く前になると思うのですが、TBSで『ナポレオンの村』というテレビドラマがありました。僕はテレビをあまり観ないのですが、なぜかそのドラマだけは毎週楽しみにしていました。当時僕は環境問題の勉強をしており、限界集落や耕作放棄地に強い関心があったからだと思います。その物語は、奇想天外な話のオンパレードでした。唐沢寿明が演じる過疎地の村に赴任した若い公務員が、類いまれなる行動力と奇抜なアイディアで次々と改革を起こし、消滅寸前の村を見事に再生するという漫画チックなサクセスストーリーでした。漫画じゃあるまいし、こんな展開あり得ない。「やっぱテレビはお気楽でいいなあ〜」、というのが当時の僕の素直な感想です。ただこの公務員の発想はどこかユーモラスなところがあり、妙に共感したのを覚えています。まさかこのドラマの主人公が実在の人物であり、それが高野誠鮮さんだったとは……つい最近まで知りませんでした。

前述のように、誠鮮さんはある時石川県羽咋《はくい》市の公務員になったのですが、その後実家のお寺を継ぎ住職にもなったので二足の草鞋を履くことになりました。寺の住職と公務員を両方こなすのか……この時点で、既に一般人の発想からは遠く離れています。誠鮮さんの発想はいつもぶっ飛びで、僕ら凡人を唖然とさせます。考えてみれば、僕が本書で紹介する人たちは、皆さん一般常識からは外れているようです。常識って何なのでしょうね。常識は、時に僕らの

高野誠鮮さんが住職を務める妙法寺本堂にて。

自由な発想や行動を大きく制限するようです。

役所勤めの誠鮮さんは、「高齢化が進み、過疎に苦しむ限界集落の羽咋市神子原《みこはら》地区を蘇らせよ」という市長の命を受けます。彼は奮闘の末、それをわずか4年で見事に成し遂げました。特に、「地域のブランド農作物を作れ」という課題は、わずか1年で成し遂げました。これこそが、ローマ法王が食べたことで話題になった神子原米です。しかも年間予算たったの60万円で。彼はいったい何をしたのでしょうか。

この地区で穫《と》れる神子原米というお米はとても美味しく、とある雑誌の「全国の美味しいお米ベストテン」で3位になったことがあり、テレビの料理番組でも「特選素材」に選ばれたことがありました。誠鮮さんはこれに目をつけました。これをブランド化したのです。では、どうやってブランド化したのか。この米を、あろうことかローマ法王に献上し食べていただいたのです。つまりは、「ローマ法王御用達米」です。法王が「旨い」、と言ったかどうかは分かりません。しかしこのニュースが流れるや神子原米は爆発的に売れ出し、この地域は日本中の脚光を浴びました。しばらくの間、役所の電話は問い合わせで鳴りっぱなし。全国の有名デパートにも置かれることになり、この山間僻地の米がわずか一カ月で700俵も売れたのです。しかし、どこからローマ法王なんていう発想が出るのでしょうか。ローマ法王にアプローチする前は、天皇陛下や米国大統領ジョージ・W・ブッシュにもアプローチしています。両陛下が「私たちは毎晩、神子原米を食べています」なんて、おっしゃったら凄いことになるのではないか。アメリカは「米国」と書くからまさにお米の国だ。そうだ、アメリカの大統領に神子原米を食べていただいて、これをニュースにしよう。こんな発想、恐れ多くて凡人には出て来ないのですが、たとえ思いついたとしても普通行動には移しません。しかし誠鮮さんは真剣に全力でアタックするのです。もちろん、皇室やホワイトハウスに誰でもアプローチできるわけではありません。しかし溢れる知恵と果敢な行動力で今一歩、すんでの所まで行ったのでした。結果的に、これらは成就しなかったのですが。しかし、先にも記したようにローマ法王にはその思いが届きました。どんな方法をとったのか。ある時誠鮮さんは、「神子原」を英訳してみました。「the highlands where the son of God dwells（神の子が住まう高原)」になります。神の子といえばイエスキリスト。キリスト教で最大の影響力のある人といえば、ローマ法王。そうだ、ローマ法王にアプローチしてみよう。いやはや何とも規格外。しかしこの突拍子もない思い付きが本当にローマ法王にまで繋がるのですから……神のご加護としか思えません。もちろん、ここに辿り着くまでには一言では言えない紆余曲折がありました。そもそも、役所はこんな破天荒なアイディアを認めません。宮内庁に連絡するとか、ローマ法王に手紙を書くとか、そんな提案をしたらまず潰されます。何かあったら誰が責任をとるのだ、と言って上司に否定されるのが落ちです。それをいちいち説得していたら、動き出すのに一年かかります。では、どうしたか。誰にも相談しないで独断でやって、結果が出てから事後報告したのです。つまり、何か問題が起こった時にはその全責任を負う、という覚悟の行動です。余談になりますが、ある時から僕も大学でこれと同じことをやっていました。もちろん誠鮮さんの足元にも及びませんが、奇抜なアイディアや少しでも危険が伴う野外プログラムを提案すると教授会で長い議論になり、最後には否決されるのです。だから勝手にやってしまって実績を作り、あとから明るみに出るという方法を取りました。もちろん学生の安全は十分確保しているのですが、現場を知らない教授陣は、「何かあったら、大学の責任を問われる」というスタンスで、まず賛同しません。後述する奥只見の大自然の中で実施した『時間の無い一日』というプログラムは、まさにそんなやり方で作った授業でした。こんないい加減な教授だったのですが、結局大学で責任を問われるようなことは、残念ながら一度もありませんでした。全てが整い、ローマ法王庁大使館に神子原米を届けた時、羽咋市長は「神の子が住む高原の名がつく羽咋のおいしい米を、法王に味わっていただきたい」と新米を差し出しました。出迎えたカレンガ大使は、「あなたがたの神子原は500人の小さな集落ですよね。私たちバチカンは800人足らずの世界一小さな国なんです。小さな村から小さな国への架け橋を我々がさせていただきます」とお応えになったそうです。なんて素敵な感性なんでしょう。これはテレビドラマになるわけです。もちろんこれだけで、神子原地区が再生したわけではありません。この他にも、誠鮮さんは神子原を活性化するためにたくさんのことをやりました。具体的な制度としては、『空き農地・空き農家情報バンク制度』、『棚田オーナー制度』、『烏帽子親農家制度』などが挙げられ、詳しい内容は割愛しますが、これらによりIターンの若者が増え限界集落を脱却しました。もちろん、一筋縄で行ったわけではありません。そこに至るまでには地域住民の反対、古き因習の金縛り、ＪＡとの関係、現行法制度の制限などなど多くの難題に直面したのです。何度も失敗を繰り返しながらも、一つひとつ丁寧に全力で取り組んだ末に成し得た成果です。以下、誠鮮さんの常識を超えたユニークで奇想天外な実績を簡単に列記します。

・棚田オーナー制度の第1号をイギリス領事館員にしました。外国人が第一号になれば、それだけでニュースになるからです。この制度の情報をアメリカＡＰ通信、イギリスロイター、フランスＡＦＰに流したところイギリス領事館が反応し、オーナーに決まったのです。誠鮮さんの思惑通り、これが世間の注目を浴び40組の募集に１００組以上が殺到したのでした。

・烏帽子《よぼし》親農家制度では、あえて酒の飲める女子大生を優先的に採用しました。その結果村が明るく活気づいたのでした。若い女性は、いるだけで地域を華やかにしてくれます。以降、都会の若者を受け入れる農家が増え、都会の若者と地元住民との相互信頼に基づく固い絆が生まれました。ねらい通り、若者が居ることで地域に活気が生まれました。

・Iターン移住者と協力し、農家カフェ『神音《かのん》』をオープンさせ流行らせました。古民家を改造して、山の水で淹れた美味しいコーヒーを出し、室内にはジャズを流し、隠れ家風のカフェに仕立て、国道に看板は出さず、あえて宣伝をせず口コミだけで広がるミステリアスな存在にしたのでした。これが話題を呼び、大人気のカフェになりました。あえて宣伝をしない、というところがミソ。情報化の今の時代、逆に情報が少ない方が話題を呼び、田舎のビジネスを成功させる鍵になる、誠鮮さんは考え、その目論見は見事に当たったのです。

・神子原米から日本一高価なお酒「客人《まれびと》」を作りました。これを世界一のソムリエになった田﨑眞也さんに最初に飲んでいただき、絶品という評価を頂いたのでした。これを外国人記者クラブで発表したので、セレブ雑誌などで有名になり富裕層の人気商品になりました。一般庶民を対象にした、質の良い美味しい酒はたくさんあります。あえて話題性を考えて、高くて飛び切り美味しい酒を作ったのでした。酒好きの僕としては、死ぬまでに一度飲んでみたいものです。

・NASAの人工衛星を使って、神子原米の美味しさを証明しました。従来使用していた食味測定装置の精度が杜撰《ずさん》だったので、NASAの人工衛星を使いスペクトル解析をした結果、たんぱく質の含有量から神子原米の美味しさが証明されたのです。この方法を使えば、日本中の田んぼの美味しいお米を簡単に探すことができます。とは言っても、これには多額の費用が必要です。しかも誠鮮さん独自のルートを使い、通常300万円ほど掛かるところをわずか37万円でやってしまったのでした。

・UFOによる町おこしを企画し、当時の海部俊樹首相から応援のメッセージを取り付け、羽咋市で「宇宙とUFO国際シンポジウム」を開催しました。総理大臣からメッセージを取り付けるなんて、簡単にできるわけがありません。やはり並みの発想ではないのです。

・52億6千万円もの国の助成を取り付け、「コスモアイル羽咋」というUFOや宇宙に関する博物館を造りました。そこには何と、本物のロケットや月の石が展示されています。この月の石はNASAからの借り物で、100年間借りる契約を取り付けました。普通誰かにものを借りる時、100年という発想は出ません。そこが誠鮮さんの凄いとこで、申請書に100年と書いて、「香港だってイギリスに100年借りられていた。だから私たちにも100年間、貸してください！」と言ったそうです。すると、「なに馬鹿なことを書きやがって、ふざけた日本人だ」と言って、先方は笑って許可してくれたそうです。いやはやなんとも……という感じです。

以上、全て凡人には思いつかない発想です。これらの活動が実を結び、4年間で超過疎の神子原地区は活気あふれる場所へと再生されたのでした。その裏には、失敗しても失敗しても何度も何度も諦めないで挑み続ける、そんな誠鮮さんの努力があったことは言うまでもありません。

さて、最近の誠鮮さんはある日本の情勢を強く危惧しています。何かというと、日本の農業の在り方です。つまりは食、それは行きつく所、日本人の健康に強く結びつくわけです。誠鮮さんは、そこを深く憂いています。

ＵＦＯや宇宙の話はおもしろいのだけど、もっと大事なことがあります。今の日本の食糧事情のほうがはるかに問題なんですよ。だって歳入48兆円の国が、28兆円も医療費を払っている（平成23〈２０１１〉年度）。こんな先進国ないですよ。ふつうの家庭に置き換えてみると、年収４８０万円の家が、２８０万円も医療費を支払っていることになる。そんな家があったらおかしいと思いません？　よくないものを食べているからだと思いませんか？　農薬、化学肥料、除草剤、いちばん使っているのは中国じゃないですよ、アメリカでもない、日本ですよ。こんな小さな島国で異常ですよ。日本の農業は何かがおかしいんです。

高野誠鮮『ローマ法王に米を食べさせた男（講談社＋α新書）』195頁

確かにこれは深刻な問題なんです。しかし日本人は高度な医療や整備された社会インフラなど様々な要因の恩恵を被り国際的にみて平均寿命が長いため、多くの国民はこの問題を見落としているのですね。実はこれ、国民の健康そして国家財政という観点から観てもとてもとても深刻な問題なのです。誠鮮さんはこの問題に対して、「自然栽培」という直球勝負で、全力で立ち向かおうとしています。自然栽培というのは簡単にいうと、農薬も肥料も使わないで植物自体の生きる力、実る力を最大限に引き出す農法のことです。何故なら、農薬がそして化学肥料が、さらに言えば間違った方法で作った有機肥料が人の健康を蝕んでいるからです。日本ではまだ普通に使われていますが、ラウンドアップを始めとする除草剤や農薬がどれほど危険な存在か。そして不自然に作物に栄養を与える肥料。これは作物を早く大きくするのには有効ですが、同時に作物をひ弱で腐り易い性質に変えます。簡単に腐るものが体に良いとは思えません。「奇跡のリンゴ」と呼ばれるリンゴをご存じでしょうか。リンゴは害虫に非常に弱く農薬漬けにして栽培するのが常識だったのですが、苦節11年、正に命がけで完全無農薬、無肥料でリンゴを作った人がいます。青森県在住の木村秋則《あきのり》さんです。普通のリンゴは数か月放置すると腐ります。しかし、木村さんのリンゴは1年間放置しても決して腐りません。ただ水分がなくなり固くなり枯れて行きます。1年後に食べても甘い風味を宿します。田んぼの米も一緒です。自然栽培の米は、美味しくて腐りづらいのです。人の体にも悪いわけがありません。よく考えてみれば、人の手が入らない自然界のものは腐りません。山にある木の実は腐りません。枯れて行きます。自然とは本来そういうシステムなのです。人間も一緒かもしれません。他者が肥料を与えすぎる、つまりは余計な世話をしすぎるとそれに甘えて腐るのかもしれません。心も身体も。誠鮮さんは今、木村秋則さんとタッグを組んでこの自然栽培を日本中に広めようと奮闘しています。「木村秋則自然栽培塾」をつくり、農薬、肥料、除草剤を使わなくても稲穂が立派に実ることを多くの人に伝えています。農薬は作物につく生き物を害虫と見做すわけですが、自然栽培の根底にあるのは、この世の全ての生きとし生けるものに神が宿るという思想です。ここには誠鮮さんの僧侶としての顔が見えます。山川草木悉有仏性。この世界の全ての存在は仏性を持ち、何かの役割を果たしている。無駄なものなど一つもない。人間だけがこの世界の住人では無いのだから、殺生は慎み、全ての存在と調和して生きる。この思想が自然栽培の根底にあるのです。この誠鮮さんの考えはこと生態系だけに限らず、今世界中に横たわる多くの紛争を前にして、僕らが思い至るべきとても重要な思想だと思います。

最後に、誠鮮さんのもう一つの顔としてＵＦＯの研究家の顔があります。それが冒頭の月の話に繋がるわけです。誠鮮さんによればＵＦＯの存在はもう当たり前の事実で、世界の主要国では宇宙人由来の技術の研究が相当深く進んでいるようです。宇宙人が存在しているというのも当たり前の事実で、多くの国々では大学レベルでUFOなどの研究が進んでいるそうです。もちろん、日本でもある一定の人たちは知っているのです。我々国民に隠されているだけで。米国議会などではUFOを巡る公聴会も開かれており、米国政府はその存在を事実上認めています。当たり前ですよね。世界中でそれだけ多くの人がUFOを目撃しているのですから、これが無いとするのには無理があります。信じられないかもしれませんが、エイリアン（宇宙人）由来の反重力のテクノロジーや瞬間移動の技術、さらにはフリーエネルギーなど、この世界の在り様を一変させてしまうような技術がもう使える段階まで来ているそうです。これらの事実を公開しない理由は色々あるのでしょうが、一つには我々がパニックに陥り社会が混乱することを避けるという狙いもあるのかもしれません。ただ、この隠ぺいの陰には世界を裏で牛耳っている強大な勢力がうごめいているような気もします。なにせこれらのテクノロジーは、人類の未来を一変させるような力を持つわけですから。いずれにせよ、我々が得る情報というのは、誰かの意図の下大幅に修正されているという事実を認識する必要があります。

国家や政府が流す情報を鵜呑みにしてはならない、ということです。そして、国民は何が正しいのか、真実はどこにあるのか、これを人任せにせず、自分の目で確かめながら自身の責任で判断を下す必要があります。これは、我々国民の一人ひとりの責任だと思います。もし我々がこれを怠れば、簡単に国にコントロールされてしまうでしょうし、それは詰まるところ国自体も危うい方向へ導くことになると思うのです。新型コロナウイルスに関する報道などは、その典型です。ワクチンの危険性、そして不確かな有効性。最近になってファイザーのCEO自身が、このワクチンは治験での有効性が確かめられてはいないという事実を明らかにしています。ウイルスに対するマスクの効果なども甚だ怪しいものであり、逆にマスクをすることによる弊害などはほとんど考慮されません。国民全体がある意図の下、コントロールされているのです。

以上のように、誠鮮さんは地域や市民のことを真剣に考え、自身の時間を削り、日本中を駆けずり回っています。この精力的な活動の源はなんでしょう。やっかみや嫌がらせからの、いわれない妨害も数多くあったはずです。しかし挫けずに挑み続けた。その精神力の源はなんでしょう。それは、「好きなことをやっていて、楽しいから」だそうです。余談になりますが、「好きなことをやっていこう」、これは正に僕の敬愛する写真家、星野道夫が残した言葉です。僕が大学で若い人たちに伝え続けてきた言葉です。さらに誠鮮さんは人様のために働いて、その人の喜ぶ顔を見るのが大好きなのだそうです。つまりは、〝人様の幸せを願う心〟が彼のエネルギーの源泉になっているのです。正に利他の人。それは木村秋則さんも同じです。僕は木村秋則さんを大学にお招きし講演を頂いたことがあるのですが、人柄の良さが全身から滲み出て、我欲の無い人だということが一目で分かりました。僕らは、そのような私心の無い人たちの活動をみる時、感動を覚えます。何故なら、ダライ・ラマ法王が言うように人間の本性は利他と慈悲の心であり、これが僕らの魂の正体ですから、利他の魂に触れる時自然と心が反応するのですね。そして、その感動が僕ら自身の活動のエネルギーになるようです。

今、世界は混とんとしていて本当に未来が見通せません。しかし一方で、現代はUFOテクノロジーやフリーエネルギーなど僕らの知らない未知の可能性に満ち溢れているのです。どんな未来が来るのかと考えるとワクワクする部分もあります。高野誠鮮さんに倣い、少しでも人様の役に立てるように自分の役割を果たす時、もういい歳の僕ですが、残りの時間をいきいきと希望を持って過ごせるような気がします。

名は体を表すと言いますが、誠鮮さん、その生き様は、誠に鮮やかです。

神話はどこにいったのか

神話はどこへいってしまったのでしょうか。皆さんは神話を持っているでしょうか。神話に思いを馳せたことがあるでしょうか。いやその前に、そもそも神話とは何でしょうか。僕の敬愛する写真家の星野道夫は、神話に関して次のように述べています。

僕たちが今、どんな時代に生きているかを考えると、本当にいろんなものが便利になって、テクノロジーとかそういうものでどんどん新しい世界に入っているけれども、同時に非常に大きなものを失ったというのは、こういった神話、自分たちの神話というものがもはやない、そのことがやはり非常に何か不安というか、自分たちをどうやって世界や宇宙の中で位置づけていいか分からないのではないかという気がしてならないんですね。

『魔法のことば―星野道夫講演集』「南東アラスカとザトウクジラ」209頁

さらに次のようにも述べています。

人間の歴史は、ブレーキのないまま、ゴールの見えない霧の中を走り続けている。だが、もし人間がこれからも存在し続けてゆこうとするのなら、もう一度、そして命がけで、ぼくたちの神話をつくらなければならない時が来るかもしれない。

『旅をする木』「トーテムポールを捜して」（『星野道夫著作集3』110頁）

現代社会を思う時、僕はこの星野道夫と同じ危惧を感じます。iPS細胞で、体中のあらゆる臓器や器官を再生できる時代。クローン技術を用いれば、論理的には人間すらもコピーできる時代。それらはつまり、人が〝生きる〟という意味自体を曖昧模糊なものにしています。核兵器を使えば一瞬にして、地上の生物を葬り去ることができる時代。テクノロジーで、自然を取り巻く四季の移ろいさえ簡単に変えてしまう時代。それらを言い換えれば、現代とは、即ち自然に対する〝畏れ〟を失った時代と言えるかもしれません。かつて我々が持っていたはずの不思議な存在への畏れ、大いなるものへの畏れ、神々に対する畏れはどこへいったのでしょうか。星野道夫は、さらに次のようにも語ります。

どこか近くに熊がいて、いつか自分が殺られるかも知れない、と感じながら行動している時の、あの、全身の神経が張りつめ、敏感になり切っている感覚がボクは好きです。あるインディアンの友人が言ってたんだけど、人類が生き延びてゆくために最も大切なのは、〝畏れ〟だって。ボクもそう思います。我々人類が自然の営みに対する〝畏れ《フィアー》〟を失った時滅びてゆくんだと思うんです。今ボクたちは、その最後の期末試験を受けているような気がするんです。

龍村仁『地球交響曲第三番　魂の旅』25頁

僕は、この星野道夫の友人のインディアンと同じ危惧を感じるのです。そして、僕たち現代人に〝畏怖〟という人が根源的に持つ生来の感情を呼び起こしてくれるのが神話だと思うのです。神話とは本来、宇宙の成り立ちや人間・動植物などの生命の起源を伝承的に説くものであり、同時に人が生きるうえでのルールやタブーを暗に示す物語です。

アメリカの著名な神話学者ジョーゼフ・キャンベルは、神話には次のような役割があると述べています。すなわち、①神話は宇宙の成り立ちを説明し、自分が何者であるかを教えている。②神話は、神秘的な物の前で謙虚になり畏怖の念を抱くことを教えている。③神話は社会秩序を支え、どんな状況の中でも人間らしく生きるためには、どうすべきかを教えている。その上で彼は、「私たちは今日、自然の知恵と元どおり和解することを学ばなくてはなりませんし、動物と、そして水や海とも兄弟であることをもう一度自覚すべきです」と述べています。(『神話の力』、95頁)

このジョーゼフ・キャンベルの指摘を考えた時、古事記や日本書紀に代表される神々の物語の他、僕は民話や伝承、浦島太郎伝説や竹取物語など古から伝わるおとぎ話も神話の一つと捉えて良いと思います。もちろん、これらの物語が史実に基づくものだとは思いません。しかし逆に、全てが作り話だとも思えません。シュリーマンが子供の頃本で読んだトロイの木馬の神話を信じ、ホメロスの叙事詩『イーリアス』に登場する伝説のトロイア王国の遺跡を発見した話は有名です。また、古事記のイザナギが黄泉の国に亡き妻のイザナミを追い、見てはいけないその姿を見てしまうストーリーは、ギリシャ神話のオルフェウスの話と全く同じです。この偶然とは思えない類似性などは、神話が持つ〝作り話〟を超えた何か神秘な力を暗示します。もちろんそこには比喩や暗喩が散りばめられ、結果心に残るストーリーとして構成されているのです。つまりはメタファーの世界です。しかしむしろ物語の方が事実よりも物事の本質を射止める、という事はよくあることです。そして大切なのは、史実かどうかではなく、それが民族の価値観やアイデンティティを形成するうえで重要な発想の源になるという点です。古事記のストーリーは、日本の国の成り立ちや神々の持つ人知を超えた天衣無縫、縦横無尽な力を教えてくれます。かぐや姫の物語は、古代人が宇宙と交流していた可能性を示唆します。

浦島太郎のお話は、時間の神秘性や時間を超越した世界の存在を暗示します。笠地蔵の世界は、人がもつ生来の優しさや、自分の行いがそのまま自分に戻ってくるという人生の基本を示しています。そして、神話の世界は人々が自然界の花や鳥や樹や山や風とまでが意思を持って存在し、人々と心を通わせ、話ができたことを教えてくれます。そこには同時に、かつての人々が持っていた全ての存在に神性を見出す自然観が流れていました。この類《たぐ》いの物語と共に、人々は自然への畏怖、大いなる存在を意識しながら暮らしを営んでいました。そこには、今よりもう少しおやかな時間が流れていたと思うのです。目に見えないもの、怪しいもの、座敷童、河童、コロポックル、ニングル、キジムナー、そして森の妖精たち。それらの存在と共に暮らした世界の、なんと豊かだったことでしょう。それに引き替え、文明やテクノロジーであらゆる物を白日の下に晒し、全てを理屈で説明しようとする現代社会。世の中から怪しいもの、訳の分からないものを失くしてしまった今の世界とは、何とつまらないことでしょう。

この世界は本来、解らないことだらけ、たくさんの不思議に満ちています。科学というのは未熟なものです。テクノロジーはこれほどまでに進歩し、僕たちの生活はどんどん便利になりますが、それでも未来の世界から現代を振り返れば今の技術はとても幼稚なものに見えるはずです。つまりは、いつの時代も科学は発展途上。見方を変えれば、この世界は現代科学で説明できない事で溢れているわけです。宇宙の始まりをビッグバンで説明しますが、ではなぜそれが起こったのかを説明できる人などこの世に一人もいません。現代科学の枠組みで森羅万象を説明することなどできるはずもなく、ましてや自然をコントロールしようとする営みなど人間の驕りでしかありません。神話を受け入れた時、僕たちは同時に目に見えないもの、科学で説明できないものを受け入れることができます。これは、とても大切な感性です。先行きの見えない現代社会は、人々が自分の生き方を確認するうえでの神話を必要としている時代だと思うのです。現代の日本人が全て神話を失ったとは言いませんが、戦後のＧＨＱの政策が功を奏し、少なくとも教育の現場に神話は見当たりません。星野道夫が言っていたように、僕たちにはもう一度真剣に神話を取り戻すべき時が今来ているような気がするのです。

龍村仁監督のこと

星野道夫と共に僕が敬愛して止まない人物、僕が心底尊敬する人、それが映画監督龍村仁です。その龍村監督が2023年1月2日に天に召されました。胸の中にぽっかりと大きな穴があいたようです。どんな状況でもブレない監督の姿勢は、いつも同じ北の空に輝く北極星のような存在でした。僕にとっては大切な羅針盤でした。少し長くなりますが、龍村仁監督のことを書きたいと思います。

龍村監督の思想、価値観、生き様は、世間の〝常識〟に埋没しながら生きてきた僕の日常にガツンと大きな喝を入れてくれました。「大切なことは何か」、「本当のことは何か」……常識で曇った僕の眼鏡をさっとクリアにしてくれたのは監督から頂いたいくつかの言葉でした。以来僕は、少しだけ澄んだ目で遠くを見通せるようになったような気がします。その龍村仁が世に送り出した映画『地球交響曲《ガイアシンフォニー》』については、今更多くの説明は不要かもしれません。イギリスの生物物理学者ジェームズ・ラブロックの唱えるガイア理論、すなわち地球は一つの生命体であるとする考え方をベースに、龍村監督によって制作された一連のドキュメンタリー映画です。美しい映像と音楽、珠玉のことばの数々によって織り成されるこの作品は、環境問題や人間の精神性に深い関心を寄せる人たちのバイブル的存在になっています。１９９2年の初上映以来、ほぼ草の根の自主上映だけに支えられ、実に２５０万人を超える観客動員があったのですから〝驚きの映画〟と言わざるを得ません。２０２1年に公開された最新作『地球交響曲第九番』も絶大な人気を誇り、現在も日本各地での上映が続いています。

10年以上前になりますが、そんな龍村監督に僕はどうしても聞いてみたいことがあり、立教大学に監督をお招きしシンポジウムを開催することにしました。僕が監督に聞いてみたかったこととは、未曽有の被害をもたらした3・11、つまり２０１1年の東日本大震災には一体どんな意味があったのか……という疑問です。スピリチュアルな思想に深く共感していた当時の僕は、「全ての出来事には大切な意味がある」と考えていました。では、世界中を震撼させたこの世紀の大災害に、一体どんな意味を見出せと言うのか……いくら考えてもモヤモヤとして答えが出せない僕でした。映画『地球交響曲』はそれ以前から僕の思想に大きな影響を与えていたのですが、一連の映画を通じスピリチュアルなメッセージを発信し続ける龍村監督なら、その答えを持っているのではないか。そう考えたのです。そこで、公共の場でそれを語っていただこう、と思い至ったのでした。その答えは確かにありました。龍村監督と同席した東京大学の矢作直樹教授、さらに僕を加えた3人で導いた答えは以下です。

3・11は、ガイア（地球）が発した人々へのメッセージだった。そのメッセージとは、「古《いにしえ》の日本人、すなわち縄文人たちが持っていた霊性を思い出せ」というもの。なぜ日本で起きたのか。それは、日本が選ばれたということ。東北地方は、選ばれたということです。なぜ選ばれたのか。答えは、それを乗り越える力があったから。このガイアが発したメッセージでもある未曽有の惨事を、日本人なら乗り越えることができる。勇気と忍耐と叡智を併せ持つ東北人なら、ガイアからのメッセージを正しく受け止め、これを乗り越えることができる。だから選ばれたのです。では、ガイアのメッセージである縄文人の霊性とは何か。それは、他者を思いやる心。自然への畏怖を心に宿し、これと調和して生きる心。もともと持っていたこの心を思い出せ！　とガイアが伝えている。

というのが、僕らが導き出した疑問に対する答えでした。

このシンポジウムがご縁で、その後の龍村監督との交流の日々を頂くことになりました。人生何が幸いするか本当に分かりません。なお、龍村仁監督の思想や生き方、映画にまつわる様々な奇跡的なエピソードに関しては、拙著『ガイアの伝言』（でくのぼう出版）にまとめました。併せてお読みいただければ幸いです。

映画『地球交響曲』では市井の一般人からダライ・ラマ法王のような著名人まで、内外の多くの人物の思想や言葉が紹介されます。それらの言葉に、僕はどれだけ助けられたことか。つい常識に流され安易な選択をしようとする自分を、ハッと目覚めさせてくれた言葉の数々です。先にも記したような〝揺れる自分〟を支えてくれた言葉たちです。僕を支えたこれらの言葉は、きっと多くの人たちの支えになるはずです。迷った時にふと脳裏に浮かび、羅針盤のように進むべき方向を指し示してくれる言葉です。不安な時に希望をくれる言葉です。それらの僕を勇気づけてくれた言葉の中でも、僕が「ガイアの伝言」と呼んでいる以下の言葉。これは龍村仁自身が映画の中で述べている言葉であり、この問いこそが、この一連の映画が僕たちに投げかけるメッセージなのだと僕は考えます。

かつて人が、花や樹や鳥たちと本当に話ができた時代がありました。その頃、人は自分たちの命が、宇宙の大きな命の一部であることを誰もが知っていました。太陽を敬い、月を崇め、風に問《たず》ね、火に祈り、水に癒され、土と共に笑うことが本当に生き生きとできたのです。ところが最近の科学技術のめまぐるしい進歩とともに、人はいつの間にか、『自分が地球の主人であり、自然は自分たちのために利用するもの』と考えるようになってきました。その頃から人は、花や樹や鳥たちと話す言葉を急速に忘れ始めたのです。人はこのまま自然と語り合う言葉を、永遠に忘れてしまうのでしょうか。それとも科学の進歩と調和しながら、もう一度、その言葉を思い出すことができるのでしょうか。

龍村監督は、僕たちに再び「花や樹や鳥たちと話す力」が宿ることを願っている。その願いこそが、彼をして、時に大きな困難に見舞われた映画作りに邁進させたのでしょう。

僕はこの言葉を、多くの講演や著作で引用してきました。何故なら、このメッセージが今とても重要だと考えるからです。では、花や樹や鳥たちと話ができたら何が変わるでしょうか。まず単純に、人と自然界に調和が生まれます。人間が、自分以外の存在、つまりは自然界も含めた全ての存在と協調して生きることができるようになります。つまりは、この地球は人間だけのために存在するのではない、という当たり前の事実を思い出すということです。僕は、自然に対する畏怖の念を忘れた人類の振る舞いこそが、今多くの地球規模での困難な問題を引き起こしていると思うのです。思えば、このガイアシンフォニーに出演する人たちは誰もが自然と会話できる人でした。挙げたら切りがないのですが、トマトと会話する野澤重雄、象と意思疎通ができたダフニー・シェルドリック、星や風に道を訊いたナイノア・トンプソン、アラスカの動物たちと時間を共有した星野道夫……もしかしたら龍村仁は、自然と話ができる人をこの映画の出演者として選んだのかもしれません。そして、他ならぬ龍村仁監督自身も樹と会話する人でした。少し長いですが、龍村自身が書いている樹との交感を紹介します。

私はいつもの場所に向かう。樹齢四百年の大きな楓《かえで》の樹の下だ。もう、十年以上、私はこの樹を「私の樹」だと思っている。（中略）その大樹の下に行って、まずあいさつをする。樹にあいさつするのに言葉はいらない。両手で直径三メートル近くもある太い幹にソッと触れる。その時、手がコトバを発するものであることを知っておいたほうがよい。手には私たちが口から発するどんな言葉よりも、深い心のヒダを相手に伝える力がある。手で触れるときの繊細な触感が、どれほど相手の心をなごませるかぐらいは誰でも知っていることだろう。それに、手には相手の心を聴く〝耳〟さえある。

まず、両手でソッと樹の幹に触れ、それから全身の力を抜く。肩や背中に滞っている見えない力を意識的に抜いて、体全体が一つの共鳴体になるような状態をつくる。すると、手が鼓膜になるのだ。手が鼓膜になり、全身が共鳴体になって、樹の微細なコトバが増幅されてくる。そのコトバは私たちの言葉ではない。だから私たちの言葉に直接翻訳するのは不可能だ。それでも樹はコトバを発している。あいさつを返してくれている。そのコトバを、共鳴体になった私の全身の細胞の一つひとつが震えながら聴いている。ふだん私たちは、自分の身体の中に細胞という約六十兆もの独立した生命が宿っていることなどほとんど意識しない。ところが樹のコトバは、その細胞の一つひとつに語りかけ、一つひとつに独自の振動を与えてくれる。自分の身体の内部で、約六十兆個もの細胞が一斉に震え、歓喜の叫び声を上げるときの幸福感はどんなものにも比べられない。自分も、この大樹の属している大きな生命の世界に属していることを自覚できることへの感謝でいっぱいになるのだ。

龍村仁『地球《ガイア》をつつむ風のように』238頁

考えてみれば、縄文人が当たり前のように持っていたとされる自然界と話す力は、現代人の遺伝子の中にも引き継がれているはずです。しかし高度に機械化された社会で自然と切り離された生活をしていくうちに、その力を忘れてしまったのです。僕は、この力は自然界との調和のみならず、人間社会における他者との調和にも通ずるものだと思います。何故なら、これは言葉の背後にある他者の心へと思いを馳せる力なのですから。では、いかにしたらその能力を僕たちは再び宿すことができるのでしょうか。簡単です。できると信じて、心の奥底から真心で語りかければ良いのです。この映画の出演者に、沖縄在住の版画家名嘉睦稔《なかぼくねん》さんがいます。彼は花や樹や鳥や魚たちと話をし、さらに風とも交感します。睦稔さんは言います。神様の声が聞こえるとは、音で聞こえたり文字で見えたりするものではなく、心で感じるものだと。花や樹や鳥たちとの会話も一緒です。それは、心の耳をよく澄ませ感じ取るものです。龍村仁の言うように、全身の細胞で共鳴するものです。そしてそのメッセージは、時に音や文字よりも明確な言葉として僕たちに語りかけてくれます。僕自身も、森の中で大きな樹に出会った時には樹皮に手を当て互いの気を交換しながら心で語りかけます。大樹はいつも、暖かく柔らかな気で答えてくれます。そのメッセージは波動として僕に伝わり、僕はそれを静かに心にしまうのです。

神話の世界の兄弟

何度も書いてきましたが、僕が心から尊敬し人生の羅針盤のように仰いできた星野道夫と龍村仁。実は二人には、この3次元世界では見えなかった深い結びつきがあり、神話の世界では兄弟でした。二人の思想や価値観、人柄を現すエピソードなどに関しては、これまでに拙著『星野道夫　永遠《とわ》の祈り』(でくのぼう出版)、『ガイアの伝言』(でくのぼう出版)などで詳しく述べてきました。ここでは、映画『地球交響曲』を巡る二人について述べたいと思います。そこに、この二人の生き方のエッセンスが垣間見え、それは同時に今の時代を生きる僕たちへの大切なメッセージだと思うからです。

星野道夫をメインの出演者と決めて、映画『地球交響曲第三番』がスタートした矢先、正にその時、星野道夫は逝ってしまいました。次の文章は、星野を失った時の龍村仁の思いです。絶望の淵にさらされた時の思いです。深夜のオフィスに一人ぽつねんと在った時、友人からの電話で〝その死〟を知らされました。スタートしたばかりの『地球交響曲第三番』はどうなるのか。それよりも何よりも、魂の友、星野道夫がこの世にもういない。その事実をどう受け止めればよいのか……

この先どうなって行くのか、などということを思い煩うことすらおこがましい。ただ、なにかがやってきた時、そのやってきたことの意味をできるだけ正しく理解し、素直に対処すればよい。その結果は、私自身の想いや力を遥かに超えたなにかの意志なのだろうから、心配することも怖れることもない。

龍村仁『地球交響曲第三番　魂の旅』22頁

この時龍村は、現実世界で起こっている事態に身を委ねるしかなかったのでしょう。確かにそうなのですが、しかしそれにしても、なんと達観した心境でしょう。「心配することも怖れることもない」、とは。人が窮地に立った時の処し方の神髄がここにある、と僕は思います。結局は、やってきた目の前の現実をどう嘆いても、抗おうともがいても、大いなる何かの意志の前で僕たちは無力です。もがけばもがくほど、自分を窮地に追い込む。それを知っていてもできないのが、また人間なのですが。

からだ中を満たしていたあの制御不能な〝熱い〟力が、ゆっくりと体外に浸み出して静かに周囲に拡がってゆくような気がする。自分と、自分の外との境界が溶解し、それが私に体験したこともない安らぎを与えている。眼下で、新宿御苑の森が相変わらず黒々とうねっている。その黒い波の美しさに思わず涙がこぼれてくる。

龍村仁『地球交響曲第三番　魂の旅』22頁

心底絶望の淵に立った時、人はもしかしたらしばしの混乱の後に、自分の心を静かに見つめることになるのかもしれません。そしてこんな時でさえも、いやこんな時だからこそ、自然はその内に秘めた美しさを垣間見せ、いっときの安らぎを人に与えてくれるのかもしれません。この時の龍村の心を癒したように。

龍村仁の生き方のエッセンスは、僕の観察によれば〝諦念〟と〝楽観〟です。龍村は子供の頃、濁流の川に飲み込まれた時も、渦巻く水の力に逆らわず力を抜くことで水面に浮上し、九死に一生を得ています。窮地にあって、どれだけ力を抜くことができるか。自分ではコントロールできない大いなる力の前で、どれだけ流れに身を任せることができるか。凡人にはなかなかできないのですが、ここに危機を脱するための重要なヒントがあるのです。そしてそれは、人生という川の流れでも同じなのだと思います。諦念も楽観も実は霊性の重要な要素であり、神道でいうところの〝中今〟に生きるために必要とされる精神性です。つまりは、今ここに集中し、見えない大いなる力と繋がって生きるためにとても大切な心の在り様なのです。事態が想定通り進まない時、抗えない大いなる意志に身を委ねながら、しかし希望を失わずに目の前の事態に淡々と対応する。龍村にこの精神性があったからこそ、映画『地球交響曲第三番』は難産の末にこの世に産み落とされたのでした。

『地球交響曲第三番』は、現代に神話を取り戻そうという願いを込めてスタートした映画でした。龍村と星野は、この映画に寄せる想いを次のように語っています。

「ぼくたちの中に眠っている一万年前の記憶が甦ってくるような映画にしたいね」

「人間には、いつの時代にも神話が必要なんだと思う。二十一世紀にふさわしいぼくたちの時代の神話を命がけで築かなければならない、と思っているんだ」

龍村仁『地球交響曲第三番　魂の旅』20頁

先に、星野道夫と龍村仁は神話の世界で兄弟だったと書きました。それにまつわるエピソードを以下に紹介します。北米クリンギットインディアンの長老エスター・シェイは、星野道夫を初めて見た時、彼の魂が一族の神話の中の重要な存在であることを見抜きました。そして彼に、カーッという重要な名前を与えています。これに関しては、星野道夫は何も書き残していません。生前の星野道夫が北米インディアンの神話に強い関心を抱いていたことは有名ですが、自分が先住民族の神話の重要なストーリーに登場することは一言も書いていません。そこには、先住民族の神話に対する星野なりの畏敬、遠慮のようなものがあり、さらには自分がその物語の一員であることへの戸惑いなどもあり、軽々にこれを公表することが憚られたのではないかと僕は推察しています。そして、後日龍村が生前の星野道夫とエスター・シェイとの関わりを取材するために訪れた時、龍村も星野と同じ神話の登場人物であったことが知らされ、ある儀式を経て彼にはフーッという名前が与えられました。因みに、エスター・シェイはある種の霊的な能力を持つ人で、星野の事故のニュースが世間に知らされる前に、星野の死を知っていました。亡くなる間際に、星野道夫の魂はエスター・シェイを訪ねていたのです。

カーッとフーッの神話とは次のようなもので、これは、クリンギットインディアンの語り部、ボブ・サムが「ワタリガラスの神話を聞く会」で語ったものです。少し長いですが龍村の著作から引用します。

昔、熊の一族の誕生の地アドミラリティー島に、美しい酋長《しゅうちょう》のひとり娘がいた。彼女は少し高慢で、ある日森の中を散歩中、熊の糞《ふん》を踏んで転び、晴着を台なしにして、熊に向かってありったけの悪態をついた。この言葉を木陰で聞いていた熊たちは、ひとつこの娘を懲らしめてやろうと思い、熊の中で最も強く美しく知力に秀《すぐ》れた若者が人間に変身し、娘の前に現われた。

娘はこの若者にひと目惚《ぼ》れし、誘われるままに森の奥について行った。するとそこには、桃源郷のような村（本当は熊の村）があり、人々（熊）が平和に、楽しく暮らしていた。娘はこの村に滞まり、若者と結婚し、三人の男の子を生み、幸せに暮らし始めた。

ところが、娘を失った人間社会の酋長は、あきらめきれず、次々と捜索隊を森の奥へ派遣した。

第一次捜索隊のリーダーが放った矢が、村の娘の家の壁に当たった。しかしその矢は、抜こうとすると幻となって消えた。

「こんな幻の矢しか放てないリーダーに率いられた人間たちは、決してこの村を見つけることはできない」

と熊たちは安心した。

第二次捜索隊も同じことだった。

ところが、第三次捜索隊のリーダーとなった人間の若者は、心正しく勇気もあり、知力にも秀れていた。この若者が放った矢は、幻ではなく、抜くことができなかった。

このままだと、人間の社会と熊の社会の間で決定的な戦いが起こり、双方に多数の死者がでることは明らかだった。

その時、娘の夫、熊のリーダーが妻にいった。

「不幸な争いを避けるため、今から私はひとりで村を出て人間の若者と闘い撃たれよう。お前は三人の子供たちを連れて人間の社会に戻りなさい。そして、今後決してこんな不幸な争いを起こさないよう子供たちに伝えなさい」

こうして母と共に人間の社会に戻って行った三人の男の子のうち、長男の名こそ「カーツ」なのだ。

そして、この兄弟たちが、クリンギット族の中の熊の一族の祖先となったのだった。


龍村仁『地球交響曲第三番　魂の旅』196頁

なんと示唆的な話でしょうか。今の世界のリーダーたちに、この物語を語って聞かせたいと思うのです。争いの無い平和な社会を築くため、自らの命を捧げたこの熊のリーダーがもつ真の勇気を。奪い取り拡大するだけの発想から、自らを捧げ調和を模索する発想を。この神話の中の長男カーツは星野道夫であり、二人の弟のどちらかがフーツ、つまり龍村仁でした。この二人は父親が逝った後、協力して母を助けながら父の遺言を守り熊の社会と人間界が共存できるように尽くしたのだと思います。そして、今生の人間社会でも二人は兄弟のごとく深い信頼を築き、やはり自然と人間の調和を願うのでした。僕の拙い研究によれば、星野道夫の思想のエッセンスは〝多様性〟と〝共生〟です。そしてその根底には、〝霊性〟が流れています。星野道夫は、人間が自然と調和を保って存在することを願っていました。多様な存在が調和して息づくことを祈っていました。そして今生では熊に命を捧げました。人間社会と大自然が調和を保つため、今度は人間の側の代表として、神話の中の父親と同じ役割を果たしたように僕には思えるのです。龍村仁が映画『地球交響曲』に込めたメッセージも、最終的にはこの願いに収斂《しゅうれん》するのだと思います。つまりは、自然と人間との調和。縄文時代のように人々は花や樹や鳥たちと話ができ、自然の一部として自分たちを見ていた社会。それを龍村も望んでいたのだと思います。

彼岸にある星野道夫の魂は、生前の龍村仁と繋がっていました。そして、神話の中の弟であった龍村を助けるように必要に応じてメッセージを投げかけていました。それを物語る面白いエピソードがあります。生前星野道夫は、デナリ（マッキンリー）の雄姿にオーロラが舞う写真をどうしても撮りたくて、厳冬期のルース氷河に一カ月もの間一人でテントを張りチャンスを伺いました。そこはマイナス50℃にもなる世界ですから、命がけの撮影行です。この星野の願いを神は聞き届け、月明かり、オーロラ、晴天のデナリの三つの条件が揃う日をたった一日だけ星野に与えてくれました。この三つの条件が揃わないと、星野が望む写真は撮れないのです。その日星野道夫は、ルース氷河の空を緑や青やピンクに染め、狂ったように舞うオーロラと、それらを背景に悠然と聳えるデナリの姿を見たのでした。自然が見せる究極の神秘に一人恐怖を覚えながら、逃げ出したくなるような怖さを必死に押し殺し、身を凍らす寒さを忘れ、過ぎ行く時間を忘れ、無我夢中で目の前に繰り広げられる神の演出をカメラに収めたのでした。その写真は息を飲むような美しさで、自然が垣間見せる人知の及ばない神々の世界を僕らに見せてくれます。龍村は、この場所のシーンを映画に入れようと思いました。その場所を探すため、撮影隊一行は星野道夫が愛用したテント、煤けたコーヒーポット、そして毛織の帽子を携え、星野道夫のキャンプ地を求めルース氷河を訪ねました。しかしその氷河はあまりにも広大で、どこに星野道夫がテントを張ったかなど、想像しようがないのでした。途方に暮れた龍村は、星野道夫自身が教えてくれないかと、心の中で天に祈ってみました。その時の様子を以下のように記しています。


その時だった。

生命の気配が全くなかったこの大氷河の空から、一羽の黒い鳥がゆっくりと円を描きながら舞い降りてくるのが見えた。

ワタリガラスだった。

彼らの食べものになるものなど一切なく、しかも千メートルを超える尾根を越えて来なければならないこのルース氷河に、なぜ、今、まさにこの時にワタリガラスがやって来るのか。この、嘘のようなまぎれもない事実。スタッフの誰も、もはや疑念を抱かなかった。（中略）

星野道夫の魂は、私たちの頭上を通り過ぎ、数十メートル先の雪原に舞い降りた。そこが、星野道夫がテントを張った場所なのだ。そう決断するのに、もはや迷いはなかった。私たちはそこに持参した道夫のテントを張り、雲ひとつなく晴れわたったマッキンレー山と共に撮影した。私たちがテントを張っている間、ワタリガラスは近くに止まり、まるでめずらしいショーでも見るように、楽しげに首をふりふり見物していた。

龍村仁『地球交響曲第三番　魂の旅』179頁

このエピソードには後日談があり、次の日ルース氷河に入って来た星野道夫の友人が、その場所こそ、まさに星野道夫がテントを張った場所だと龍村に教えてくれたのです。彼はかつて星野道夫と共にここを訪れており、その場所を知っていたのでした。やはり星野道夫の魂は、弟の龍村仁を見守っているのです。

この映画『地球交響曲第三番』を巡っての二人のエピソード、そのエッセイをキーワー

郵便はがき

料金受取人払郵便

鎌倉局
承　認
6170

差出有効期間
2025年6月
30日まで
（切手不要）

248-8790

神奈川県鎌倉市由比ガ浜4-4-11

一般財団法人 山波言太郎総合文化財団
でくのぼう出版
読者カード係

読者アンケート

どうぞお声をお聞かせください（切手不要です）

書　名	お買い求めくださった本のタイトル
購入店	お買い求めくださった書店名
ご感想 ご要望	読後の感想 どうしてこの本を？ どんな本が読みたいですか？ 等々、何でもどうぞ！

ご注文もどうぞ（送料無料で、すぐに発送します） 裏面をご覧ください

ご注文もどうぞ

送料無料、代金後払いで、すぐにお送りします！

書　　名	冊　数

ふりがな	
お名前	
ご住所 （お届け先）	〒 郵便番号もお願いします
電話番号	ご記入がないと発送できません

〈 ご記入いただいた個人情報は厳重に管理し、
ご案内や商品の発送以外の目的で使用することはありません。 〉

今後、新刊などのご案内をお送りしてもいいですか？

はい・いりません

マルしてね！

ドで表せば、諦念、楽観、多様性、共生、霊性に集約できます。つまりは、星野道夫と龍村仁の生き方のエッセンスです。これらこそは、混沌とした現代社会を生きる今の我々にとって、とても大切なキーワードだと僕は思うのです。

僕が揺れながら探していた〝生きる意味〟に関する根源的な問いへの答えは、龍村仁の言葉の中にありました。これは、映画『地球交響曲第三番』を巡っての星野道夫と龍村仁の旅、ある意味では魂の旅、だからこそ真実の旅、その旅の途上で龍村が述べている言葉です。

人生の謎に対する答えは、その場で強引に知ろうとしたり、解ったような気になったりする方が危うい。答えを求め続けることに本当に意味があり、その答えが本当に必要なものであるならば、必要な時に向こうからやってくるものなのだ。

龍村仁『地球交響曲第三番　魂の旅』１９５頁

「人はどこから来て、どこへゆくのか」
を問い続けることこそが、人が人として生まれた理由なのかも知れない。

龍村仁『地球交響曲第三番　魂の旅』158頁

答えは、それが必要ならば、必要な時に向こうからやってくる。だから、無理に答えを知る必要もない。人事を尽くして目の前の使命に懸命に取り組めば良い。星野道夫も龍村仁も、そんな人生を歩んできた人でした。僕も、できればそう在りたいと願うのです。

2章　長い旅の途上

人はなぜ自然を求めるのか

僕は自然の中での遊びが大好きです。これまで国内外のフィールドでたくさん遊んできました。登山、山スキー、カヌー、キャンプ……夢中になって遊んでいる時、僕は本当に幸せです。神道でいうところの、〝中今《なかいま》〟にいる自分を実感できる喜びの時です。そこには心底集中し、没頭している自分がいます。もちろん活動の過程では苦しい時、辛い時、そして不安な時もありますが、しかしそんな時間も含めて頭と身体をフルに使い全身全霊で遊ぶ時、心は喜びで一杯です。

コロナ禍の影響もあったのでしょうが、昨今はアウトドアがブームのようです。人はなぜ自然の中での活動に喜びを見出すのでしょうか。それは、現代人の生活が高度に機械化され、自然から遠ざかったことが一因でしょう。都市化された生活により、人々が日常に〝自然〟を感じられなくなったことへの反動です。人工的なモノに囲まれ、デジタル的な、白黒はっきりさせるような生活がもたらす精神的疲労からの解放を、〝自然〟に求めるのです。理由はもう一つ考えられます。人間はDNAに刻まれた生来の欲求として、ホリスティックな生活を望むのだと思います。高度に専門化、断片化、分業化された現代の生活に疲れや違和感を覚え、生活にホリスティックな側面、すなわち全体性、統一性を求めるのだと思います。数万年におよぶ人類の歴史は、自然の中に身を置いて、自然との共存の中で営んできた歴史でもあります。かつて我々の祖先縄文人は、原野を駆け巡り、自分の頭と体をフルに使い、火を得、住居を造り、狩猟により原野から食料を調達し、日々ホリスティックな生活を送りながら永く続く平和な社会を築き上げてきました。このような、生きるために営まれた全ての行為の中に、言い換えれば一日一日を精一杯生きること自体に、彼らは大きな喜びを見出したのではないでしょうか。そして同時にそれらの喜びは、本能として、我々人間のDNAの中に刻み込まれたのです。日々生きることに精一杯取り組み、そこに喜びを感じ取る。この縄文人の態度こそが、長きに渡り平和な社会を築いた大きな要因だと僕は考えています。ところが、高度に機械化、細分化された現代人の生活ではこの喜びを感じることができません。一方、キャンプや山登りなどに象徴されるようなアウトドアでの遊びには、このホリスティックな側面が求められます。自分の目的地を定め、地形図を読み、野山を歩き、川を越える。テントを張り、火を起こし、魚を捌き、煮炊きして、野外に泊まる。つまりアウトドアでの生活には、ある意味生きる上でのトータルな力、言い換えれば〝人間力〟のような能力が求められるのです。そこに僕たちは、〝生きる〟という根源的な喜びを見出すのだと思います。

自然の中での活動は喜びであると同時に、深い学びの場でもあります。いくら人間が体力を鍛えたところで、圧倒的な自然の力を前にして人の力などその足元にも及びません。荒瀬をカヌーで下る時、どうあがいても太刀打ちできない川の力を教えられました。雪山で暴風に見舞われた時、山小屋から一歩も踏み出せない無力な自分を見せつけられました。一方で、日の出の一瞬、息を飲むような濃いピンクに染まったモルゲンロートの雪山を目の前にした時、自然が見せる調和の美に絶句し、ただただ見とれていました。満天の星空に揺れるオーロラのカーテンを見上げた時、深遠な宇宙を垣間見る思いがしました。また、遠い山道を一歩ずつ踏みしめて歩く時には、いつしか辺りの風景が消え、ふと気づくと深く内省している自分がいます。野営で一人焚火を見つめる時は、無言で語る森の声を聴く自分がいます。森の大樹に出会った時は、思わず頭を垂れる自分がいます。どれも、自分の心と深く向き合う時間です。さらには、苦しい状況の中で仲間を助けたり、時には助けられたり……という経験。疲れ果てた末、抑制を失いエゴを前面に出す醜い自分を見つめる……という経験。これら全てが得難い貴重な体験です。自然は本当に多くのことを教えてくれます。

もう一つ、自然が我々に与えてくれる非常に重要な点があります。それは、現代人が失いつつある霊性を育んでくれる可能性を持つことです。人々における霊性の欠如こそが現代社会における様々な問題を引き起こしている、という趣旨の指摘は最近よく見られます。従って、霊性の醸成は現代社会における重要なテーマの一つです。豊かな自然の中にいる時、僕は自分の精神が深く研ぎ澄まされ、とても深遠で清澄なイメージに包まれる時があります。上手く表現できないのですが、樹齢100年を超えようかというブナの大樹を前にした時、神社仏閣で合掌し深く首《こうべ》を垂れる時に似た、何か畏れ多い〝有り難さ〟を感じるのです。この感覚は、ある種の霊性の発露と言えます。こんな経験を重ねるうちに僕は、自然は人間の霊性を醸成する可能性がある、という思いを強くしました。と同時に研究者としての僕は、これを何とか学術的に説明できないか、と考えるようになりました。この発想で実施されたのが、当時僕の研究室の大学院生だった奇二《きじ》正彦《まさひこ》君を中心として行った『スピリチュアリティと自然体験との関係』という研究でした。因みにこの研究で奇二君は、立教大学から博士号を授与されました。研究の詳細は割愛しますが、結果はほぼ我々の仮説通りでした。つまり、わずか数日間でも色濃い自然の中に佇むと人の霊性は高まる傾向にあり、同時に過去の自然体験が豊かな人ほど高い霊性を持つことが示唆されたのでした。余談になりますが、この研究には当時東京大学の教授職にあった矢作直樹先生や、映画『地球交響曲第八番』を作製中の龍村仁監督にもご協力を頂きました。ところで、霊性をいったいどんな方法で測るのか、また自然体験をどのように定義づけるのか……などと疑問を持たれる方もいらっしゃると思います。当然の疑問です。その辺りが苦心した点であり、同時にこの研究の核心部でもありました。詳しくはネット上のリポジトリで公開されていますので、興味ある方はどうぞ巻末の参考HPリストをご参照ください。（奇二正彦『スピリチュアリティと自然体験との関係』）

龍村仁監督の映画『地球交響曲第七番』の出演者の一人に、女性として世界で初めてロシアからカナダまでの北極海を無動力（スキー・犬ぞり・カヌーを使用）で横断した高野孝子さんがいます。彼女は早稲田大学教授のかたわら野外・環境教育活動家としても活動されているのですが、映画の中で次のように述べています。

イヌイットの御爺ちゃんに聞いたんですよ。

「人として大切なことは、どうやったら学べるんですか？」って。

そしたらその御爺ちゃん、一言、カラカラ笑いながら、

「そんなものは、自然の中に行けば全部身につくよ」って。

北極圏の自然の中で生きるイヌイットのこの言葉が、全てを言い尽くしているように思います。僕ら現代人は、これ以上安易に森の緑や野山の清流に手を付けてはいけない。と同時に、もっともっと自然の中に繰り出すべきだと思うのです。自然は、都会では見えない貴重な何かを見せてくれます。貴重な何かを教えてくれます。

最後に、僕の敬愛する星野道夫が自然の中で記した素敵な文章を紹介します。自然は、こんなにも豊かな時間を僕らに与えてくれるのです。

あたりはハイブッシュクランベリーのかぐわしい秋の匂いがたちこめていた。水は水晶のように澄み、深い川底まで見透せる。僕はカップに川の水をすくい、一気に飲み干した。

ハント・リバーとの出合いから、三十分ほど上った川辺で、私たちは野営をすることにした。立ち木を組み、キャンバステントを張り、小さな薪ストーブを中に入れる。流木を集め、火をおこし、湯をわかす。テントの煙突から白い煙が立ち昇り、コーヒーのかおりがあたりに漂ってくると、やっとホッとした。こんな野営が何ごとにも代え難く好きだった。幸福を感じる瞬間とは、ありふれていて、華々しさのない、たまゆらのようなものだった。

夜の帳《とばり》がおりてくると、晩秋の大気は冷え込んできた。テントの中は暖かく、ストーブはパチパチと音をたてながら赤く燃えている。私たちはその前に横になり、火の勢いが弱まると新しい薪をくべていた。炎を囲んでいると、何もしゃべらなくても、人は語り合っているのかもしれない。あたりは静まり返り、かすかな川の音が聞こえていた。

『イニュニック〈生命〉』「ハント・リバーを上って」(『星野道夫著作集 2』126頁)

長い旅の途上

きっと、人はいつも、それぞれの光を捜し求める長い旅の途上なのだ。

『長い旅の途上』「ある親子の再生」（『星野道夫著作集 4』）167頁

僕も今だに自分の光を求め旅をしています。人生という旅の途上にあります。

僕はアウトドアでの少しワイルドな旅が好きです。風のように自由で、少々しんどくて、それでも好奇心と自らの力を頼りに、孤独に耐えながら一歩ずつじりじりと進む旅。昼はありったけの五感を拓いて風の中を進み、夜は満天の星灯りの下、焚火の炎を肴にウイスキーを傾ける。そんな旅に憧れます。もちろん、そんなカッコいい旅は、一度もしたことがありません。こんな僕の旅の志向は、若い頃憧れた作家の椎名誠やカヌーイストの野田知佑、そして写真家の星野道夫の影響です。椎名誠の「あやしい探検隊シリーズ」、野田知佑の『新・放浪記』（本の雑誌社）、そして星野道夫の写真やエッセイ……なんど読み返したことか。ゼミの学生には、押し付けるように彼らの本を勧めました。レポートの課題図書にすらしました。彼らにしてみれば、さぞや迷惑だったことと思います。

旅には、その人間の〝生き方〟が出る。人の志向性や価値観、大げさに言えば思想のようなものは、その人の旅を見れば分かるような気がするのです。ということで、これまで僕がしてきた旅の話をしたいと思います。

初めての山

僕の初めての本格的な登山は、20歳の時友人の長谷川《はせがわ》智《さとし》君と登った越後の山旅で、荒沢岳～中ノ岳～越後駒ヶ岳の縦走でした。それ以来現在に至るまで色々な山に登りましたが、この登山ほど強烈に印象に残っている山はありません。そのイメージは鮮烈で、今でもいくつかのシーンをハッキリと思い出すことができます。

山の話の前に、長谷川君のことを少し書きたいと思います。もし誰かに、『君の人生に最も影響を与えた人物を一人挙げよ』と言われたら、僕は躊躇なく長谷川君の名前を挙げます。星野道夫や龍村仁はとても偉大で僕のメンター的存在ですが、青春の熱い時間を共有し、泣き笑いしながら一緒に過ごした親友は別格です。無二の存在です。彼とは高校時代、部活のバレーボール部で知り合いました。この出会いは本当にラッキーでした。というよりも、今生の運命として用意されていたのだと思います。彼とは同級生ですが、僕にとっては兄貴のような存在で、時に人生の師でした。青春時代、大切な事は全て彼から教わりました。高校生の頃、学校に行くのが楽しくてしかたなかったのは彼がいたからです。豪快な性格で、そのくせ少し寂しそうな所があり、勉強もスポーツも良くでき、ハンサムだけど泥臭く、絵が上手く、気さくで飾り気が無い……そんな彼でした。彼のお陰で、僕は精神的にも身体的にも随分成長したと思います。そして、彼が僕に影響を与えているのは今も同じです。中学校の校長を歴任し、退職後は米づくりや花づくりにいそしみ、地域の面倒な仕事を引き受け黙々とそれをこなす。そんな彼を、心から僕は尊敬しています。その長谷川君に誘われて、初めて登った荒沢岳。5月初旬の越後奥只見の山々にはたっぷりと雪が残り、雪山という未知の領域に挑む僕の心は不安と喜びに震え、いやが上にも昂《たかぶ》っていました。荒沢岳は標高こそ2000mに満たないものの、荒々しい岩稜が続く険しい山です。ましてやその岩場に雪が張り付けば、難易度はさらに高くなります。雪を踏みしめながら登り始めて2時間ほどしたところで、初心者の僕には垂直に見えるような難所に差し掛かりました。難所の前嵓《まえぐら》です。この岩場を越えなければ先に進めません。見上げただけで圧倒的な威圧感です。こんな所、登れるんだろうか。先行する長谷川君は苦労しながらも、何とかその岩稜をクリアしました。しかし、途中まで登った僕はと言えば、岩場の真ん中で進退窮まって動けなくなってしまったのです。どうしても、次の一歩が踏み出せない。さりとて降りることもできない。そこは想定外の岩場であり、その時の僕らには安全確保のザイル（ロープ）などありません。踏み出せば落ちるかもしれない。そう思うと、身体は強張るばかりで固まって動きません。数分間、そんな膠着状態が続いたでしょうか。そんな僕を見かねた長谷川君は、自分のリュックを上の岩棚に置いてなんと僕の所まで降りてきたのです。岩登りをやる人には分かりますが、降りるのは登るより遥かに危険です。そして僕に言ったのでした。『にご、ザックをよこせ』と。流石に僕にも小さなプライドがありました。この申し出を拒否し、半ば落ちてもいいやと開き直り、極度の緊張の中、祈るような思いで次のホールドに手を掛けたのでした。何とかその難所を乗り越え上の岩棚に着いた時は、疲れと安堵でしばらく動くことができませんでした。その日は荒沢岳を越えた稜線の雪上にテントを張り、大きな達成感と多少の不安を抱えながら眠りました。結局、大きな困難は初日の岩場だけで、翌日は越後三山ノ中の岳を越えて越後駒ヶ岳の避難小屋に泊まり、3日目に無事下山することができたのでした。鮮烈な初めての山でした。

その後長谷川君とは数多くの山行を重ね、ヨーロッパアルプス最高峰のモンブランに登った時も彼と一緒でした。これは僕の登山史上最悪の山で、高度障害の中、吐き気と極度の頭痛を押しての登山でした。この高山病の理由には若気の至りから来る裏話があるのですが、ここでは割愛します。ただ、どんなに苦しくても途中で止めなかったのは、恩師栗本閲夫先生の遺影と共に登ったからです。先生と共に登頂し、山頂の景色を先生に見せてあげることが旅の目的だったのです。最後のナイフエッジを登り切り、息も絶え絶えでようやく辿り着いた憧れの山頂。長谷川君との歓喜の握手もそこそこに、僕は小さな穴を掘り先生の写真を埋葬しました。雲一つない晴天の下、ヨーロッパアルプスの峰々を先生と共に眺め、感謝を込めて写真を埋めました。今でもきっとモンブラン山頂の雪の中に栗本先生の遺影は眠っているはずです。あの山行から約半世紀の時間が流れました。そして今でも、長谷川君は相変わらず僕の最強の相棒です。

北穂高の無謀

今考えるとずいぶん無謀な登山をしたなあ、と思える山行がいくつかあります。あれは二十代前半の山行で、僕はその時大学院生でした。その頃の僕は修士論文に行き詰まると、山の本に救いを求めました。加藤文太郎の『単独行』、今西錦司、串田孫一、上田哲農らの思索、深田久弥の山旅日記、新田次郎の山岳小説、植村直己の冒険行、そして星野道夫に大きな影響を与えたという坂本直行の山の画文集。それらの物語に没頭する時、僕はしばし現実から逃れることができ幸せでした。心のバランスを取るために、とても大切な時間だったと思います。貧乏学生だったその頃の僕は、その月のバイト代が入ると神田の古本屋街に通い山岳書を漁るのが楽しみでした。古本の海の中からお目当ての本を見つけた時などはもう嬉しくてたまらず、宝物を探し当てたような気分で小躍りしたものです。目当ての本が探せなくても、タイトルに惹かれた本をペラペラ立ち読みする時間は至福そのものでした。時間が経つのも忘れてしまう、柔らかなひと時でした。星野道夫も神田の古本屋に通ったと書いていますので、今思うと歳が二つしか違わない僕たちは、もしかしたらどこかの本屋ですれ違っていたのかもしれません。つい、そんな空想をしてしまいます。その日の予算を使い果たすと本が溜まった重いリュックに満足し、薄暗い喫茶店でコーヒーを飲みながら買ってきた何冊かの本のページを捲りながら斜め読みする。それはそれは、とても豊かな時間でした。それらの本には僕の訪れたことのない美しい山の姿と、そこで繰り広げられる時に爽やかなそよ風に吹かれる山旅が、時に過酷な命懸けの冒険行が、それぞれの著者の瑞々しい感性で綴られていました。中でも冬山の圧倒的な美しさと厳しさについては、どの本も魅力的に書いていました。行ったことのない冬山の物語は、僕の憧れをじわじわと募らせるのでした。

その年の12月初旬、僕は意を決して初めての冬山に挑むことにしました。それまでにも、残雪期の登山経験はありました。ゴールデンウイークの陽光降り注ぐ穂高連峰は、青い空と白い雲が躍るような歓喜の世界でした。しかし真冬の高山は未知の領域です。選んだ山は、夏に一度登ったことがある北穂高岳。何故北穂だったのか、半世紀も前のことなので今はもう思い出せません。初めての冬山にしては、随分厳しい山を選んだものです。しかも単独行。もちろん、ガイドを頼むなどという発想は微塵もありません。

今にして冷静に考えると、この時点で既に十分無謀でした。さらにこの時の僕は、ピッケルもアイゼンも持っていませんでした。春の残雪期の山をピッケル、アイゼン無しで登っていた僕は、深く考えず真冬の山もその延長で考えていたのです。今考えると致命的なミスです。でも、その時はそのような思考に至らなかった。無謀というより無知でした。

冬季のバスは上高地までは入らず沢渡《さわんど》止まりです。沢渡に降り立った僕は、テント他冬山装備と予備日も含め4日分の食料が詰まったリュックの重さも忘れ、未知の世界へ挑む緊張と憧憬を抱えながら歩き始めたのでした。雪の積もった車道をいくつかのトンネルを超え、上高地に着いたのは昼過ぎだったと思います。小梨平から明神、徳沢を超え横尾のキャンプサイトに着いた時には日がとっぷり暮れかかっていました。その晩は緊張でなかなか眠れず、テントの中で沸々と湧いてくる恐怖心を抑えていたのを覚えています。なんでこんな身震いするほど怖いんだろう。それまでの人生であまり味わったことのない、未知の恐怖でした。それはある意味、新鮮な体験でもありました。誰も知らないし、今から止めてもいいんだよなあ〜。でも、俺のことだからきっと行くんだよな〜。行ける所まで行って無理だったら引き返そう。そんな思いが頭の中でぐるぐる回っていました。

翌朝、朝食もそこそこに夜明けと共にテントを出ました。極寒の晴天です。歩き始めると、もう迷いはありません。恐怖心はどこかへ消えていました。涸沢に着いた時、夏とは違う穂高連峰の姿がそこに在りました。全面に雪を纏った白い要塞が、ちっぽけな侵入者をあざ笑うように青空の下に悠然と構えていました。連なる岩峰の右端にあるあの頂に登るんだ。そう思い身震いしました。さあ、いよいよここからが本当の冬山への挑戦です。体中にエネルギーが湧いてきました。そして目指す北穂をよく見ると、なんとなんと、実に幸運なことに頂きに向かって一本のハッキリした踏み跡がついているではありませんか。もともとルートに迷うような場所ではありませんが、これを辿って行けば確実に頂上に立てる。そう思うと、もう嬉しくて既に登頂したような気分です。大学院生とはいえ体育学部出身の僕は当時も日々のトレーニングが日課で、体力だけは人並み以上のものがありました。どこまでも歩いて行ける自信がありました。適度に締まった雪の斜面は実に快適で、先行者の足跡を辿りぐんぐん高度を稼ぐことができました。10分登るごとに風景が変わります。少し登っては確かめるように振り返り、だんだん小さくなる涸沢のカールを見ながら、冬山にたった一人でいる自分自身に歓喜しました。右には北穂東陵が続き、左には前穂北尾根が輝いています。おまけに空は快晴。あああ……俺は今冬山に一人で挑戦している。ああ、俺は生きている。人生、悪くない！　そんな感じでした。ここまでは……です。ところが、ところが、神様はそんなに甘くなかった。頂上がもうほんの数十メートル先に見えてきた頃、風に吹かれた雪の斜面は氷に変わり、徐々に小さくなっていた先行者の足跡は完全に消えました。岩と硬い氷のような斜面に足跡は残りません。大した斜度ではないのですが、風に晒され凍《い》てついた斜面です。ツルンツルンに滑ります。硬い登山靴の先を何度も蹴り込みステップをつけて登るのですが、もう冷や汗です。僕には斜面に蹴り込むアイゼンはなく、よろける身体を支えるピッケルもありません。一歩滑れば、雪と岩の岩稜を数百メートル滑り落ちるのは必至です。

アドレナリン全開で体中が熱くなるのが分かります。息をゼーゼー言わせながら必死の思いで数歩進んでは、震える身体のバランスを取り直す。その繰り返しです。ありがたいことに風はほとんど無く、空は晴れていました。途中、いよいよ進退窮まりしばらく立ち止まりました。引き返そうかと思いましたが、身体を反転することすら危険に感じました。もう頂上は目と鼻の先です。止まっていても埒《らち》は明かず、かといって進むのも怖く、誰かに助けを求めることもできない。平日のその日、このルート上に僕の他登山者の姿はありませんでした。こんな所に来るんじゃなかった。強い後悔の念と共に甘かった自分を呪いました。しばらくして、意を決しました。そこにいても、何も事態は変わりません。下るよりは安全だと判断し、登ることにしました。そこから先は祈るような気持ちで、無我夢中でした。気づいたら斜度がほとんど無くなり、そこが頂上でした。たった一人の山頂。初めての冬山の頂から、僕はどんな景色を観たのか。実は覚えていません。セルフシャッターで撮ったピンボケ写真が一枚残っていますが、そこにはグリーン色のダウンジャケットを着た視線が定まらない横向きの若者が写っています。空は悲しいくらいに、確かに晴れていました。さて、登頂を果たしても僕の心は微塵も解放されません。下りが残っているからです。あの危険な氷の斜面をどうして下れば良いのか……。頂上でわずかな行動食を口にして10分ほど休み、早々に下山を開始しました。危険な氷地帯をどうやって切り抜けたのか。実はこれもハッキリ覚えていません。とにかく必死だったこと以外には。頂上直下数十メートルの危険地帯を抜けた時、わなわなと僕は斜面に座り込みました。同時に、恐怖から解放された安堵の思いをゆっくりと噛みしめました。ああ、これで生きて帰れる。心底から神様に感謝しました。そして、甘かった自分の認識を反省しました。

その後の下りは快適でした。涸沢を過ぎ無事横尾のテントまで戻ったのは夕暮れ近くでしたが、初めての冬山単独行を成し遂げた達成感で僕の胸は一杯でした。その夜、僕は持参した安いウイスキーで祝杯を挙げ、その日のいくつかのシーンを振り返り一人悦に入ったのでした。緊張から解放され、グッスリ眠れたのは言うまでもありません。そして翌朝、僕は驚くべき事実を知りました。隣のテントの登山者に誇らしい気持ちで昨日の北穂アタックの話をしていたら、なんと僕と同じルートを登った登山者が数日前に滑落事故を起こしたというのです。唖然としました。僕が快適に登らせていただいたあの階段のようなステップは、もしかしたらその登山者が残したものだったのかもしれません。僕とその登山者の違いは、いったい何だったのだろう。きっとその人は僕よりも経験豊富で、ピッケルもアイゼンも持ち、きちんと準備をされていたのではないだろうか。何ともやり切れない思いがしました。僕が滑り落ちなかったのは、単なる幸運でした。僕はただツイていただけなのでした。

帰路、来た道をバスに乗り沢渡経由で帰れば良いものを、僕は日本アルプス開拓黎明期の物語に出てくる徳本峠《とくごう》を越えたくなりました。〃日本アルプス〃という名を広めたイギリス人宣教師ウォルター・ウェストンが、前穂高岳を目指し登った峠です。横尾から徳本峠を越えて島々の駅まで歩くルート。コースタイムを見ると、ざっと12時間程度です。昨日あれだけ痛い思いをしているのだから、真っすぐ来た道を帰れば安全なのに……。喉元過ぎれば熱さを忘れる、の見本です。想像通り、この季節に古き登山界の歴史が詰まったこの道を通る人は誰もなく、僕は晴天の穂高連峰を仰ぎながら独りの山道を満喫しました。横尾を早朝出発して、島々の駅に辿り着いたのは夜の8時過ぎ。重たい荷物を背負って、本当によく歩いたものだと思います。話にオマケがあります。流石に疲れが溜まっていた僕は、真っ暗になった細い山道で小さな沢に転落しました。浅かったので事なきを得ましたが、とはいえ真冬の沢です。滑った自分に悪態をつきながら、泣きたい思いで沢から這いずり上がったのを覚えています。

結局僕が生還できたのは、単なる〝幸運〟がもたらした結果でした。だから、正しい意味では僕の〝初めての冬山〟は失敗だったのかもしれません。晴天が3日間続いたのも、本当に神の恵みでした。後日談があります。この山行の間、恩師の栗本閲夫先生は、修士論文が大詰めを迎えているのに研究室に何日も姿を見せない僕のことを、かなり真剣に心配してくれていたようです。後に研究室の他の先生から、それを伺いました。本当に有り難いことです。そういう人たちに支えられ今の自分が在るのだ。この文章を書きながら、改めてそれを痛感しています。衷心より感謝です。

ゆらゆらとユーコン

〝ゆらゆらとユーコン〟というのは敬愛する野田知佑のエッセイのタイトルをそのまま借りたものですが、今から20年ほど前の夏、僕もユーコンに行ってきました。ユーコン川はカナダ北部にその源流を発し、やがてはアラスカ、ベーリング海にそそぐ全長3000㎞に及ぶ大河、原始の川です。その時はカナディアンカヌーを使い、支流のビッグサーモンリバーからユーコン本流（約350㎞）を10日間かけて漕ぎ下りました。

その頃僕は環境問題に大きな関心を持ち始めたのですが、自然環境のことを考える前提として、太古から人間の手が入っていない自然、原始の自然をこの目で見てみたい、と強く思ったのでした。日本では、当時も今も人工物がまったくない風景というのはまず見当たりません。そこで僕は意を決し、アウトドア好きの教え子の学生たちを甘い言葉で誘い、総勢6人で約2週間にわたるユーコンの旅に出かけたのです。

ユーコンのたたずまいは、僕らを裏切りませんでした。何度も読み返し憧れた、野田知佑の文章どおりの風景がそこに在りました。9月のユーコンは日本の晩秋を想わせる見事な紅葉の山を縫って、澄みきった水が濤濤《とうとう》と流れるのです。特に川下り後半で合流したユーコン本流の碧く透き通った色は、これが本当に川の色なのかと我が目を疑いたくなるような、そんな深い緑を帯びた碧色でした。太古から続く悠久の時の流れを、そのままゆったりと映しているようです。おそらく僕が子供だった60年ほど前には、こんな色をした川が日本のあちこちに流れていたのでしょう。時間というのは、良くも悪くも色々なものを変えてゆきます。その碧い水の上を、僕たちは時には激しく、時にはゆらゆらと流れに身を任せながら漕ぎ下りました。汗をかいて喉が乾くと、マグカップで川の水をすくって飲みます。川全体が、水晶のようなミネラルウオーターでした。空にはハクトウワシが王者の風格で舞っています。出会った野生動物はグリズリー、ブラックベア、ムース、ビーバー、リス……などなど。そういえば、途中のキャンプにあらわれたライチョウを銃で撃って食べました。残念ながらオオカミには逢えませんでした。オオカミはとても警戒心が強く、めったに人の目に触れることはないようです。川に釣り糸をたれれば、グレイリングという美しい魚が素人の僕にもやすやすと釣れます。そして、こいつは塩焼きにすると絶品。味はイワナやヤマメに似ていますが身の色が白くて、噛むと独特の弾力、歯ごたえがあります。そうそう、毎日キャンプをする森には、ラブラドールティーというハーブが自生していました。これをそのままポットに突っ込み沸かして飲むインディアンティーは、ほのかなミントの香りがして、体じゅうに染み渡ります。漕ぎ疲れた僕らの体を内側から癒してくれるようでした。

4日目のキャンプサイトはとても素敵な所で、ここには2泊しました。久しぶりにカヌーを漕がない休日です。この日僕らは、それぞれ思い思いの行動をしました。いつまでもテントで寝ている者。拾った流木に彫刻を刻む者。ぼーっと本を読む者。朝からウイスキーをちびちびやる者。そして、釣り竿を放さない者。僕はこの日、久しぶりに体を洗いました。ユーコンの水は冷たかったけれど、洗った体をユーコンの太陽と風で乾かすのは爽快です。今ここに熊が出たら、パンツを履いてから逃げるべきか、それともこのまま全裸で走るべきか、そんなアホなことを半ば真剣に考えながら、川原の石の上に仰向けになりユーコンの青い空を眺めていたのです。ガイドのスコットと、ウサギのハンティングに出かけたのもこの日です。途中小さな流れ込みで、青い色をした雄の大きなグレイリングを見ました。彼はゆったりと流れにたたずみ、しばらくすると荘厳な王者の風格をもって泳ぎ去りました。その姿は今でも目に焼き付いています。きっとこの流れ込みの主だったのだと思います。星野道夫がグレイリングについて、こんな文章を残しています。

グレイリングは、最後の氷河期を氷におおわれなかったユーコンの谷や北部ブルックス山脈で生き抜いた、極北の川魚のシンボルである。船の帆のようにエレガントな背ビレ、そこにちりばめられた赤や紫の斑点、僕はグレイリングはアラスカで最も美しい魚だと思う。オオカミの存在がその土地の純粋性を示すように、グレイリングはその水の流れの美しさを語りかけてくる。

『イニュニック〔生命〕』「ハント・リバーを上って」（『星野道夫著作集 2』130頁）

星野道夫が、アラスカでもっとも美しい魚と呼んだグレイリング。水の流れの美しさを語りかける魚。その時確かに僕は、星野道夫と同じ極北を旅していました。

トレッキングの途中でハーブの強烈な香りに立ち止まると、そこはラブラドールティーの群生地でした。強いミントの香りにたたずむと、乾燥した空気で心地よく汗が引いていきます。ここは北緯63度。夏とはいえ、気温は低いのです。結局ウサギは見つからず、僕らはユーコンの支流が見渡せる小高い山の上で少し休んでからキャンプに戻りました。荒野の男を真似て、銃や弓矢で的撃ちをして遊んだのもこの日です。日本の日常からはとても想像できない、絵本の登場人物になったような一日でした。

夜はウイスキーやコーヒーをすすりながら焚き火でキャンプするのですが、月のない夜は見事な星空。緯度が高いので北極星はほぼ真上。北斗七星とカシオペアが同時に見られます。そして実際にこの目で、薄い緑色にゆれるオーロラを見ました。星野道夫の写真集で見たような圧倒的なオーロラではありませんが、それでも生れて初めて見るその妖艶な揺らめきに僕らは息を飲みました。夜のテントでは熊の存在が少し頭をよぎるのですが、横になれば3分も経たないうちに眠りに落ちる日々でした。毎日毎日、寝てしまうのがもったいない黄金の日々でした。もうすぐ古希に手が届きそうな僕ですが、死ぬまでにもう一度ユーコンを下りたいと願っています。

月光スキー　雪山に舞う

満月なら、夜でもスキーで雪山を滑れるんじゃないか。そんな馬鹿なことを考えたのは、50代前半のまだ体力バリバリの頃でした。そんなことを思いついたのは、敬愛する星野道夫の旅のエピソードを読んだからです。星野道夫は、アラスカ州南部にあるグレーシャーベイを旅しています。その複雑に入り組んだ海の水路を、ひと月以上もかけてシーカヤックで廻っているのです。そのグレーシャーベイには、ある面白い伝説がありました。普段は陸続きなのですが、満月（満潮）の夜にわずか数時間だけ現れるという伝説の川があるのです。それはあくまでも人伝に聞いた伝説に過ぎず、本当にそんな水路が現れるのかどうか保証はありません。しかし、星野道夫はやはり行くのでした。それが命の危険を伴うような冒険行であっても、何もなかったように一人で平然と行くのでした。星野はその夜のことを、次のように記しています。

その日は夕方から寝て、目覚ましを十時にかけて起きた。テントをたたみ、荷物をカヤックに積みこみ出発の準備をする。夜の海を漕ぐのははじめてだ。少しばかり不安だったが、もう行くことに決めていた。しかし、本当にそんな川など現れるのだろうか。この話をしてくれた人以外に、だれもそのことを知らなかった。たとえ本当だとしても、はたして闇の中でその流れを見つけることができるだろうか。カヤックを押し出し、海に出た。満月が山の肩から上がっていて、月光が水面に揺らめいている。（中略）月の光は明るく、山の輪郭をくっきりと浮かびあがらせている。（中略）月光が、現実離れのした不可思議な雰囲気をつくりだしていた。

『アラスカ光と風』「氷の国へ」（『星野道夫著作集 1』84頁）

満月の下、星野道夫が嬉々として漕ぐ夜のカヤック。その夜、空にはオーロラが舞ったのでしょうか。こんな文章を読んだら、誰だって月夜のアウトドアに駆り立てられます。満月の雪山をスキーで滑り下りたら、どんなに素晴らしいだろう。月明かりに青く照らされた雪原を舞うように滑れたら、どんなに素敵だろう。

ある年の3月、ようやくチャンスが巡ってきました。足掛け2年間に渡る3回目の挑戦でした。それまでにも2回トライしたのですが、天候に恵まれず断念。予定の満月の夜には雪が降り、月光が望めなかったのです。良く晴れたその日、徐々に広がる眼下の景色を見ながら雪山を行く時の、あのなんとも言えないワクワク感。シールが効いたスキーを、一歩ずつスライドさせながら高度を稼いでゆく時の高揚感。そんな時間を忘れるような感覚の中、教え子2人と中腹の無人小屋に着いたのは午後でした。山小屋には我々3人だけ。有り難いことに、小さなストーブと薪が置いてありました。厳冬の雪山に在って、しかし自分は暖かい山小屋の中にいて、何も語らなくても良い仲間がいて、ウイスキーを片手にただただ時間だけがゆっくり過ぎてゆく。そんな幸福の中で、僕たちは満月が昇って来るのを待っていました。ところが、ところが、そんな甘い夢の時間もつかの間、夕方ふと外に出ると、あろうことか雪が舞っているのです。さっきまで見えていた景色は吹雪の中。山頂方面もまったく見えず、雪雲が覆い隠していました。「ガーン、こんなのありかあ？　何？　この展開！」正に、こんな感じです。天気予報は悪くなかったはずなのに……。それから我々3人はやけ酒をあおり山の天気に散々悪態をついて、酔いと共に寝袋に入りました。でも実のところ、そんな時間も結構楽しいひと時なのです。気の合う仲間と酒を飲みながら、大好きな雪山にいるのですから。ところが、です。深夜、尿意で外に出ると、なんと満月が煌々と辺りを照らしているではありませんか。「あああ、これはいかん。何だ、これは！」小便もそこそこに、慌てて小屋に戻り、大声で叫びました。「月が出てるぞ〜!!」

寝ている二人をたたき起して、すぐに出発しようとしたのですが、今度はスキー靴が履けません。ストーブが消えた小屋の冷気で、スキー靴はカチンカチンに凍っていたのです。焦って力任せに履こうとするのですが、焦れば焦るほど上手く行かず、これには相当時間を食いました。やっとの思いで外に出て、スキーを付けて歩き出した時、我々の狂喜が頂点に達したのは言うまでもありません。思い思いに意味不明の言葉を発しながら、頂上を目指したのでした。森の中の動物たちは、さぞ迷惑だったことでしょう。それにしても、星野道夫も書いていますが満月の雪山の明るさときたらどうでしょう。白い雪の上に、我々の影が群青色にクッキリと落ちていました。残念だったのは、カメラマン役の奇二《きじ》君がその大切な一眼レフを小屋に忘れてきたこと。途中で引き返すわけにもいかず、青い月光に浮かび上がった雪山の幻想的なシーンは、残念ながら脳裏に収めることにしました。しかしだからこそ逆に、そのシーンはいつまで経っても色褪せない心のフィルムに写っています。もう一人の教え子佐藤君は先輩の奇二君に向かって、「奇二さん、カメラ取ってきてくださいよ〜！」と半分冗談で、でも半分は本気で何度か叫んでいました。正直言うと、僕も同じ思いでした。

山頂からの滑降は……もうなかなか言葉にはできません。登りに2時間要した尾根道を避け、樹林帯に見つけたオープンフィールドの雪原を滑り降りました。我々3人だけが、この宇宙と一体になった時空を自由に泳いでいる。そんな感覚を抱かせる夢の時間でした。

モンゴル疾走　風の記憶

ずっと以前から、モンゴルに行きたいと思っていました。それがいつからなのか……自分でもハッキリ覚えていないのですが……絵本でモンゴルの青い大草原を見たり、椎名誠のモンゴル馬旅の本を読んだり、友人が観た星空の話を聞いたり……とにかく、いつかはモンゴルに行こうと心に固く決めていました。

そして気持ちが昂ったある時、寂しがり屋の僕はいつものように年下の仲間たちに声を掛けたのでした。『モンゴルに一緒に行こう』と。

誘い文句はこうでした。

『モンゴルの大草原はすごいぞ。草の海だ。見渡す限り緑の絨毯だ。果てがないんだ。』

『草原には綺麗な花が咲き乱れ、いたるところハーブが香っている。川は清流で、水はみんな飲める。』

『星はゲンコツの大きさに見える。流れ星が毎日100個は飛ぶ。天の川は白く揺らめいて見えるんだ。』

『モンゴルの娘はみんな美人だ。いつも笑顔を絶やさない。日本びいきで、日本の男は誰でもモテる。』

『そんなモンゴルの草原を馬で旅しないか。ハーブの草を蹴散らしながら、馬で駈け巡らないか。草原に寝転がって、ビールを飲まないか。山で星空を見ないか。草原で見る星は、げんこつくらいでかいんだぞ。』


いくらノー天気な僕の教え子たちでも、こんな半分出まかせの言葉にのる人間はまずいません。当たり前です。いくら恩師の誘いでも、やれ「ユーコン川下りだ」、「慶良間でシーカヤックだ」、「ウイスラーでスキーキャンプだ」なんて、遊んでばかりの極楽トンボにそうそうつき合ってもいられない、と思うのが普通です。それが〝まとも〟で正しい判断だと僕も思います。しかし……一人いました。〝まとも〟でないのが。福島卓君《ふくしますぐる》。立教大学の教え子です。可哀想に。俺なんかといつまでも遊んでいるようでは将来がとても不安です。正直そう思いました。でも……僕は、〝まとも〟でない人が大好きです。自慢じゃないですが、僕と付き合った学生で大学を4年間で卒業した者はほとんどいません。こんなセリフ、親が聞いたら激怒するんだろうなあ。しかし、彼らはみんな実に魅力的な学生でした。今、彼らがどうなっているか。〝まっとうな〟サラリーマンは一人もいませんが、みんな元気で生きています。

流星

モンゴルの旅は、卓と2人で行くことになりました。モンゴル行きの大きな目的は、星空を観ることでした。ある日の夕食後、僕らは小高い山の上に星を観に行きました。チンギスハン・キャンプの裏山に登ったのは、太陽が沈む11時頃だったと思います。最初山腹の草原に寝転んで星を見上げたのですが蚊がひどく、風の吹く稜線に移動しました。稜線に寝転んで、風に吹かれました。空には無数の星と、天の川が……そして、スーっと白い糸を引く流星、流星、流星……目を閉じて瞑想し、時々目を開くと、自分が宙に浮いているような感覚です。漆黒の中、自分が空にいて星が横にも観えました。流星を数え、iPod《アイポッド》を聴いているうちに眠ってしまいました。ふと目が覚めると、背後に月が出て、星の数は減っていました。

『卓、そろそろ帰るぞ。月が出たから。』隣の卓も眠っていたようです。ヘッドランプの明かりを頼りに、月夜の草原をゲルまで戻りました。森の中では、狼も月を見上げていたのかもしれません。

ナーダム

ナーダムというのは、モンゴル遊牧民が熱狂する大きなお祭りです。子供の馬レースはメインイベント。子供たちを乗せた馬は疾走しました。風を切り裂いて走っていました。どうしたら、あんな風に馬を操れるのだろう。

民族衣装の若者たちは、踊って、踊って、踊っていました。遠くの空を見て、踊っていました。ほとんどトランス状態です。馬頭琴を奏でる人。ホーミーを吟ずる人。弓矢を射る婦人。モンゴル相撲の勇者。ナーダムは、熱いお祭りでした。大人も子供も女たちも、みんな熱く燃えるお祭りでした。

馬の旅

僕が乗った馬は、まともに走りません。いつもガイドのオリグルや卓の馬より遅れました。いつも他の馬とは、違うルートを行こうとしました。暇さえあれば、道草を食うことに夢中になりました。『馬は乗る人をみる』と言いますから、僕は舐められていたのだと思います。最初はなんとかしようと、馬を叱咤し、時には足でお腹の辺りを蹴ったりしました。それでも、言うことを聞くのはほんのつかの間で、僕の馬はすぐにマイペースに戻るのです。こいつ、マトモじゃないんだ。そうだ、考えてみれば僕と同じだ。そう思うと、だんだんマトモに走ることは、もうどうでも良くなってきました。多少ルートが違っても、結局目的地にはあまり遅れずに着いています。僕はこの馬に、教え子の中で一番外れた道を歩いてる大好きな学生の名前を付けました。それから僕は、Kと草原の旅を楽しんだのでした。

ゲル

モンゴルの宿は、ゲルと呼ばれる遊牧民の大きなテントでした。僕らが泊まったゲルには、ベッドとストーブがありました。6月は夏なのですが、夜は冷えストーブに火をくべます。

　ガイドのオリグルは言いました。

『僕は将来弁護士になりたい。この9月から、また大学に行く。この仕事で稼ぎながら、夜間の大学に行く。』日本語も英語もペラペラで、一番得意な外国語はロシア語。日本とロシアに留学し、英語はテレビで覚えた……そうです。凄い。

　現地で、一人旅をしていた日本人の若者、鈴木君と出会い意気投合しました。彼は言いました。

『世界一周してきます。日本に帰るのは、来年か、再来年か、お金が続く限り……』

『彼女とは、別れてきました。今後、自分はどうなるか分からないし……2年間も……待たせるわけにいかないし……』

　ゲルでは、毎晩酒を飲みながら……若者たちとの話は尽きません。旅の途上で若者たちが語る将来の夢……そんな話を聞くのが僕は大好きです。

卓をこの旅に誘った最初の言葉は半分僕の妄想ですが、モンゴルの空と草原は僕の夢を裏切りませんでした。心に染み入る旅でした。

慶《け》良《ら》間《ま》日帰り～教え子の滑落

その写真を見た時、「ああ、いつかここに絶対に行こう」と思いました。それは、小さなカヤックが青い宙に浮いていている不思議な写真でした。いやよく見ると、青い宙に浮いているように見える写真でした。海水が透明過ぎて水の存在が分からなかったのです。世の中には、こんなに透明な海があるのか……。それは沖縄の慶良間諸島でのシーカヤックの写真でした。こんな海をカヤックで旅したら、どんなに素敵だろう。カヤックは宙に浮く小さな宇宙船みたいだろうなあ～。無人島でのキャンプは満天の星かなあ～。流星がたくさん飛ぶのかなあ～。流木を集めたら盛大な焚火をしよう。自分の中で慶良間への妄想がどんどん膨らみ、次の夏休みには必ず行くと決めました。でも、一人で行くのはちょっと寂しいよな……。例によって教え子たちを甘い言葉で誘惑したところ、4人の教え子たちが見事に口車に乗り、4泊5日の慶良間諸島を巡るシーカヤックツアーに参加する羽目になりました。本当に付き合いの良い、そして運の悪い彼らです。その日羽田空港に集まったのは、男3人女2人の総勢5人。しかし数日前から、テレビの天気予報は南西諸島への台風の接近を告げていました。うむむ、果たしてどうしたものか……僕の心は揺れていたのですが、行ってしまえばなんとかなる。そんな根拠のない甘い観測で、今更キャンセルもできないチケットを握りしめ那覇行きの飛行機に搭乗したのでした。これは決して自慢できる話ではないですが、台風のさ中登山をしたり、キャンプをしたり、と悪天候の中でもそれなりに遊んできた僕です。台風と聞くと何故か血が騒ぐのです。強風と勝負してみたくなるのです。しかし現地に着いてみると、白波を立てて大きくうねる那覇の海を前にして流石にビビりました。とてもカヤックを出せるような雰囲気ではありません。さて、どうしたものか……。5人は顔を見合わせたのですが、5分で頭を切り替えました。休みは5日間たっぷりある。まだ初日の午前中だ。

そうだ、台風の来ない所に遊びに行こう。すぐさまそう考えました。それからは話は早いです。せっかく沖縄まで来たのだから、沖縄ソバを食べよう。できれば、ゴーヤチャンプルーも食べよう。泡盛も少し飲みたい。昼から沖縄ビールも悪くないね。飛行機に乗って、沖縄料理を食べに来たと思えばいい。ということになり、僕ら5人は近くの沖縄料理屋にニコニコしながら入ったのでした。本当に前向きな、というかノー天気な教え子たちです。

相談の結果、行き先と遊びはすぐに決まりました。当時、新潟県の南魚沼に『星の宿』という馴染みのペンションがありました。ここをベースに慶良間のリベンジとばかり、カヤックでの魚野川の川下り、巻機《まきはた》山に至るやヌクビ沢でシャワークライミング、その他カジカ捕りや星空観察などのアウトドア遊びを満喫することに決めた僕たちでした。それにしても、台風の進路が二転三転したとはいえ、天気予報は数日前から沖縄地方の悪天候をほのめかしていました。そんな状況の中、メンバーの誰一人、これをキャンセルしようと言い出さないところが、いかにも僕の教え子たちです。安全、安心だけのツアーならディズニーランドにでも行けばよい。誰の影響か分かりませんが、置かれた状況の中で精一杯アレコレ考えて、判断して、時には痛い目に遭いながら次の一手を必死に考える。そんな行動が彼らは大好きなのです。可愛くて、実に頼もしい若者たちです。

午後一の便で羽田にUターンした僕たちは、そのまま『星の宿』に向かいました。宿のオーナー、通称「大将」ことHさんとは、ある環境系の市民運動で知り合いました。僕が主催する立教大学でのシンポジウムには、いつも新潟からはるばる駆け付けてくれる、そんな大将でした。真夏の平日に急に訪れた僕ら5人。事情を話すと、ニコニコしながらも半ばあきれ顔で、「だから困るんだよ暇人は。全く、予約もしないで急に現れて。こう見えても家だって週末は客で一杯なんだよ。」なんて悪態をつきながらも実に嬉しそうでした。

翌日、計画通りヌクビ沢の沢登りに挑みました。真夏のヌクビ沢シャワークライミングは、最高の遊びです。清流のミネラルウォーターを頭から浴びながら、時にはイワナを蹴散らしながら淵を泳ぎ、時には仲間のザイルを頼りに岩稜をワシワシと登る。ふと見上げた空には猛禽が舞う。真夏の炎天下、これ以上清涼感漂う遊びはありません。順調に高度を稼いだ僕らは、その日のゴールである「行者の滝」の手前に着きました。落差10m程の滝です。この滝を大将が巻き道で登り、滝の上にある平らなスペースでザイルの支点を取りました。僕ら5人は大将が確保するザイルを頼りに、青空の下、頭から大量のシャワーを浴びながらも軽快にその岩稜を登り切りました。気持ちいい〜、って叫びたくなるようなクライミングでした。ここまでは良かったのです。そう、ここまでは。全員登り切った後確保のザイルを解き、僕らは達成感を噛みしめながら広いスペースで休憩しました。「慶良間も良いけど、ここも最高だね。」「初めからここにすれば、飛行機代浮いたのにね。」そんな軽口をたたいていた時です。沢を歩いて横断しようとした教え子の一人、E君、通称カシラが足を滑らせ転倒しました。水深はわずか10㎝程しか無いのですが、そこそこに流れがあり、かつ川底は藻で滑るのです。カシラは滑って転倒すると、あっという間に滝壺に落ちて行きました。一瞬のことですが、水面をもがきながらも滑り落ちて行くカシラの姿がスローモーション映像のように見えました。あああ〜、声にもならない声を上げ、僕らは巻き道で滝壷に急いだのですが、その道のなんと長く感じたことか。いつも冗談ばかり言う大将の顔は蒼白です。滝壷に着くやいなや、僕は大声で「カシラ〜!」と叫びました。う〜、という返事がありました。生きています。僕ら男性陣は滝壷に飛び込み、カシラのもとへ急ぎました。カシラの手足は動きました。少しホッとしました。カシラの意識はしっかりしていて、僕らの助けを借りながら水中をゆっくりと岸に移動しました。腰に痛みがあり、歩ける状況ではありません。身体《からだ》を動かさないよう皆で支え、平らな場所に寝かせました。それからの時間が実に長かった。大将は緊急ヘリを要請するため、空身で山道を駆け下りて行きました。携帯電話など全く通じないエリアです。同行の二人の女性、お嬢と、のぞみも重い登攀《とうはん》用のギアを背負い急いで下りました。現場に残ったのは、僕とマツの二人、そしてもちろんカシラ。ヘリの援助を期待して2時間くらい待ったでしょうか。しかし、いくら待てど暮らせどヘリは飛んできません。本当に良いお天気で……ヘリを期待して見上げた青空が目に染みます。沢の風は心地よく、実にのどかです。事故さえ無かったならば……。カシラは少しずつ落ち着いて、寝たままですが会話はできるようになりました。僕とマツはカシラを元気づけようと得意の冗談を飛ばすのですが、ギャグのほとんどが滑りました。その日は本当に〝滑る〟一日でした。2時間くらい待ったでしょうか。いい加減待ちくたびれた時、マツが言いました。

「このままじゃ、夕方になって冷えてくる。そうなったら危険だ。ニゴさん、なんとか二人でカシラを下まで運びませんか？」

確かにマツの言う通りです。真夏とは言え、僕ら3人はほぼ裸同然なのです。

「どうやって？　こんな山道、背負うのは無理だぞ」と僕。

マツが言いました。「カシラ、両脇を僕とニゴさんで支えたら腰は痛いかな？」

カシラが応えました。「いや、俺もこのままここに居たくない。腰の牽引にもなるので、その方法で行けるところまで行ってみよう」

その頃下では、大将たちが大慌てで県警にヘリを要請していました。しかし、色々な事情が重なり即座の対応は難しいとのこと。運の悪い時は悪いものです。そこで大将は、ラフティング用のゴムボートにカシラを乗せて救出するという作戦を考えました。しかし星の宿からのラフティングボートはなかなか届かず、その間大将はジリジリとしながら拳を握りしめていたそうです。ようやく登山口までボートが届き、大将が仲間3人とダッシュで登り始めたのは、僕らが動き始めてからずいぶん後だったようです。

マツが考えた作戦はこうです。太めの木を2本使いカシラの脇の下を通し、それを担架のように僕とマツが前後で支え、カシラの足はほとんど地面に着かないくらいにキープし、腰に負担がかからない状態で僕とマツがカシラを運ぶ。普通に一人で歩いても、微妙な危険個所がある山道です。滑落の危険がある箇所は、体重がかからないように支えながらカシラにも自力で歩いてもらいました。相当痛かったはずです。そして、不安だったはずです。でもカシラは、最後まで一言も泣き言を言いませんでした。その態度は立派でした。山道をずいぶん下った頃、上空にヘリの音が聞こえました。ああ〜今頃来たのか。しかし、樹林帯の細い山道にいる僕たちが見えることはありません。ましてや、ヘリが降りられるスペースなど皆無です。何度も何度も休みながら、それでも座ることなく歩き続け、登山口にほど近い拓けた場所まで来た時、駆け登ってくる大将たちと出会いました。ホッとすると同時に、どっと疲れが襲ってきました。マツも僕も、もちろんカシラももうギリギリの状態でした。登山口に着くと、そこには救急車が待ち構えていました。救急車に乗り込むカシラに声を掛けサイレンと共に車が出ると、僕は腰が抜けるようにその場にヘタリ込みました。何かから解放された一瞬でした。

救急搬送された病院でレントゲンを撮った結果、カシラは腰椎骨折の重傷でした。危うく身体が不随になるような大事故だったのです。その後地元の病院に移ったカシラは、そこで1か月近くの入院を余儀なくされました。その年の僕の夏休みは、こうして終わったのでした。

後日談があります。人生何が幸いするか分かりません。度々病院を見舞ったのぞみとカシラはその後急速に仲良くなり、信じられないことに彼らは結婚してしまいました。男子学生たち憧れのアイドルだったのぞみ。野獣のような風貌だったカシラ。正に美女と野獣の素敵なカップルで、彼らは今、山中湖の森の小さなログハウスで暮らしています。寂しい現実もあります。バブル景気が弾け宿の経営が立ち行かなくなった大将は、やがて奥様と離婚し、宿をたたみ、ある時から連絡が取れなくなりました。今では行方知れずです。マッとも今では連絡が取れません。海外生活が長く英語が堪能だった彼は、アメリカに渡り弁護士になるという夢を持っていました。アメリカに発つとき、彼は僕に言いました。「納得できる結果が出るまで、ニゴさんたちとの連絡を一切絶つよ。何故かって、この仲間たちが一番親しかったし、僕の支えだったから。もう決めたんだ。いつか自分に納得したら、またきっと連絡します。」そう言い残し、彼はあっさりと成田の空に消えました。マッは僕の教え子ですが、彼からは実に多くの事を学びました。

マッとのこんな会話を覚えています。

「ニゴさん、人間にとって一番大切な能力って何だと思います。」

「う〜ん……一番大切な能力ねぇ……」

「僕はね……不安と付き合って行く力だと思うんですよ。自分の中の不安と……。」

マッが旅立ってから既に10年以上の歳月が経ちます。未だ連絡はありません。そのうち、また突然僕らのもとに現れるような気がします。元気でいると良いのですが……マツも大将も。

時間の無い一日：奥只見物語

皆さんはこれまで新聞、テレビ、ラジオ、インターネットなど人工的な情報に全く触れない一日を経験したことがあるでしょうか。今は誰もがスマートフォンを持ち、瞬時に世界中のあらゆる情報にアクセスできる便利な時代です。しかし溢れかえる情報の中には誤った情報も多々あるでしょうし、望みもしない不要な情報が向うから勝手に入ってくる、という状況もあります。さながら僕たち現代人は、情報の海に漂う漂流難民のようです。家にいても街を歩いていても一方的に流される情報の嵐は、僕たち現代人の思考を止め、偏った意図により流された情報が、時には世論さえ簡単にコントロールしてしまう時代です。このような情報社会に、僕は不安を感じます。危うさを感じます。

星野道夫の名著『旅をする木』は、喧噪の中を走り続けるそんな僕たちに、静けさと向かい合う時間をくれます。例えば、以下の星野道夫が北米最高峰デナリのルース氷河を旅した時の文章です。少し長いですが引用します。

> ぼくはザックをおろし、テルモスの熱いコーヒーをすすりながら、月光に浮かびあがった夜の氷河の真只中にいました。時おりどこかで崩壊する雪崩の他は、動くものも、音もありません。夜空は降るような星で、まるでまばたきをするような間隔で流れ星が落ちてゆきます。いつかサハラを旅した友人が語っていた砂漠の〝夜〟もこんなふうではなかったかと思います。砂と星だけの夜の世界が、人間に与える不思議な力の話でした。
>
> 『旅をする木』「オオカミ」（『星野道夫著作集 3』31頁）

きっと情報があふれるような世の中で生きているぼくたちは、そんな世界が存在していることも忘れてしまっているのでしょうね。だからこんな場所に突然放り出されると、一体どうしていいのかうろたえてしまうのかもしれません。けれどもしばらくそこでじっとしていると、情報がきわめて少ない世界がもつ豊かさを少しずつ取り戻してきます。それは、ひとつの力というか、ぼくたちが忘れてしまった想像力のようなものです。

『旅をする木』「オオカミ」（『星野道夫著作集 3』32頁）

星野道夫は、「ぼくたちが忘れてしまった想像力」と書いています。想像力、これ無しに私たちは他者を思いやることはできません。想像力、これ無しに私たちは〝創造力〟を培うこともできません。他者を思いやり、ものを生み出すことのできない社会は、つまるところ、奪い合うことしかできないのではないでしょうか。星野道夫が言うように、〝情報の少ない静けさ〟が私たちの想像力を育むとすれば、時にそのような世界に身を置くことこそ、現代人に求められる大切な営みかもしれません。

そこで僕は考えました。若者たちと一緒に、人為的な情報の全く入らない時間を体験してみようと。その発想で開講したのが、立教大学での「時間の無い一日」という授業でした。これは旅の話とは少し違いますが、自然の中での営みというで、ここにご紹介したいと思います。授業の場所は新潟県の奥只見『銀山平』といいう地域で、このエリアには未だに原生自然が色濃く残っています。日本有数の豪雪地帯で道が閉ざされるため、冬場は誰も住めません。こんな地域が未だに日本にもあるのですね。ここの森は主にブナ、ミズナラ、トチノキなどの落葉広葉樹の原生林で、春の新緑、そして秋の紅葉がそれはもう本当に見事です。息を呑むような……という表現が大げさではなく、樹々の赤、橙、黄、緑が織りなすタペストリーには時を忘れ目を奪われます。地域を流れる清流、北の又川は青緑に澄んで、大イワナが乱舞します。それは決して大げさな表現ではなく、秋の産卵期には下の奥只見湖から体長70㎝を超える大イワナが次々に遡上するのです。ある年の秋、友人と二人でこの様子を見ようと北ノ又川の支流を詰めると、いるわ、いるわ。小さな川はイワナ、ヤマメだらけです。浅い川から背びれを出して、バシャバシャとうごめく大イワナもいます。釣り人が見たら涎が止まらなかったことでしょう。でも、ここで釣りをすることはできません。この川は、日本でも珍しい永年禁漁区なのです。この地域のイワナ、ヤマメを乱獲から保護するため、地域が苦難の末勝ち得たローカルルールでした。そして空を見上げると、そこには日本最大の猛禽、翼長2mを超える巨大なイヌワシが舞うのです。

こんな色濃い自然の中で、全く情報が入らない時を過ごしてみたい。その時自分は何を感じるのだろう。若い人たちは何を思うのだろう。そんな興味からこの授業は始まりました。24時間、人工的な情報が全く入らない生活をしようと思いました。本当は24時間では物足りないのですが、学生の安全管理その他の事情で24時間としました。その日学生たちは、一切の電子機器を手放します。時計も、スマホも、もちろんPCも。緊急事態の時以外には、一切会話もしません。誰とも口を利かず自己と対話するのです。人ではなく自然と対話するのです。時計がないので時間も分かりません。太陽の位置をはじめとする自然の様子から時間を推測します。食事はあらかじめスタッフが用意するのですが、時間が分からないので腹時計を頼りにお腹が減ったと思う時、各自食事をします。ちょっと寂しいですが、自然の中で一人食べます。寝る時はテントです。もちろんテントの中でも、誰とも口を利きません。行動は学生たちに委ねられます。安全な範囲であれば、何をしても良いし何もしなくても良いのです。本当は僕自身がこの体験をしたかったのですが、学生の安全管理上それは許されず、僕はやむなく学生の見守り役になりました。何か学生に緊急事態が発生した時、それへの対応役が必要なわけです。実際、学生には何度もハラハラさせられました。暗くなってもテントに帰らない学生が、しばしばいるのです。周辺には森と川と湖があります。森で迷子になったのかなあ〜。熊に襲われはしないよなあ〜。子供じゃないし、川で溺れるなんてことはないよなあ〜。などと、ついつい悪いことを考えてしまうのです。そしていつも学生は、ケロッとした顔で帰ってきます。森の中で昼寝をしていて、ふと起きたら既に辺りが暗かった、なんていうケースがほとんどでした。近くにある開けたブナの森を事前に教えているので、携帯マットでアーシングをしているうちに寝てしまったようです。なんて素敵な昼寝なんでしょう。川を上流まで歩いて、帰りが遅くなった学生もいました。そもそも出かけた時間が遅かったのです。時計がないので予測を誤ったのでしょうね。後で聞くと本人たちもかなりドキドキしたようなのですが、それらはなんて貴重な体験でしょう。辺りが暗くなると僕が大きな焚火を作ります。何人かの学生が、ぽつりぽつりと焚火の周りに集まります。炎を見つめながら無言の時間です。そう言えば、やはり星野道夫の文章にこんな一節がありました。

炎を囲んでいると、何もしゃべらなくても、人は語り合っているのかもしれない。あたりは静まり返り、かすかな川の音が聞こえていた。

『イニュニック〔生命〕』「ハント・リバーを上って」（『星野道夫著作集2』126頁）

晴れた夜は満天の星々です。漆黒の空に濃いミルクを流したように、天の川がくっきり見えます。天の川を初めて観る学生は、最初雲に見えるようです。夜空をゆっくり移動する不思議な星、人工衛星を不思議そうに見つめる者。流星に思わず声を上げる者。一人で見上げる時、星空は多くのことを語りかけるようです。

さて学生たちはSNSなどの情報が全く無い、誰ともしゃべらない24時間に何を感じたのでしょう。わずか24時間とは言え、やはりそれは初めての体験であり、戸惑いも伴うとても新鮮な時間だったようです。プログラム終了後には、お互いの感想をシェアします。多くの学生は断片的な思いをボソボソ語るのですが、それは「どうして過ごそうか迷った」「時間が分からなくて戸惑った」「いつご飯を食べようか迷った」「自分と向き合った」「焚火に癒された」「他の人が何をしているか気になった」など月並みな感想が多いです。実は彼らはとても新鮮な体験をしているのですが、自分の思いを見つめ直し、自分自身でそれを消化し理解するまでには少し時間が必要なのです。簡単に言葉にはできない体験……というのが一番当たっているようです。そして、すぐに意味は分からなくても、その体験が意味を持つ時がいつか必ず来ると僕は思うのです。

こんな人里離れた秘境、奥只見、銀山平地区ですが、ここにも御多分に漏れず一時開発の波に飲み込まれ貴重な自然が失われそうになった歴史があります。最初の大きな問題は、首都圏への送水を目的とした巨大なダム構想でした。その頃頻発した首都圏の異常渇水への対応でした。もしそんなダムができれば、清流北ノ又川はダム湖の底に消え去ります。そんな暴挙は許さんと、地元民が立ち上がりました。反対運動のリーダーの一人が、僕の定宿「湖山荘」のかつての主人「父ちゃん」こと故佐藤《さとう》庄一《しょういち》さんでした。自然か開発か。お金か心か。そこには生活も絡み、地元は揺れるのでした。この話が何とか収まったと思ったら、今度は既存の奥只見ダムの発電所増設計画が持ち上がりました。一難去ってまた一難。これは首都圏の電力需要に応えるための計画でした。どこまでも、計画の視線は東京を向いているのです。この工事を進めるとダムの取水口の位置が変わり、イワナの餌となるワカサギなどの激減が危惧されます。そうなれば、イワナ釣りのお客で食べているこの地域の宿はやって行けません。加えてダム周辺には、奥只見の象徴、日本最大の猛禽イヌワシの営巣地があるのです。工事が始まれば、この絶滅危惧種の生息が危うくなるのは必至です。この計画も、地域のオピニオンリーダーだった父ちゃんたちの奮闘で何とか跳ね返すことができました。余談になりますが、僕は父ちゃんのいた湖山荘に20年以上通い続けています。毎年必ず遊びに行きます。今は息子の慎治さんが宿を継いでいるのですが、先代と変わらず何とも言えないホスピタリティで客を迎えてくれる暖かい宿です。僕はここに居るだけで、何もしなくても幸せなのです。

世の中は、どんどん人工的なバーチャルな世界へと人々を誘います。この仮想現実の世界では失敗を簡単にリセットでき、痛い目に逢うことはありません。しかし、刻々と変化し同じ顔を2回と見せることの無い自然の中では、１００％安全という状況はありません。その中で自分の行動を自ら判断し決定する体験、これがとても貴重だと思うのです。時に失敗して痛い目に逢うことが、とても貴重だと思うのです。かつてここは携帯電話の電波も入らない地域でした。今更その時へ戻れとは言いませんが、今思えばなんと貴重なあの頃だったことか。開発が進む今の日本にあって、ここ奥只見の自然はとても貴重です。ここの自然は、できるだけ手を付けずに後世へ残すべきだと思うのです。

千代組と山へ

最近僕は、「響沁太鼓千代組」の二人、千代園剛《ちよぞのたけし》さん、近藤教子《こんどうのりこ》さんと共に登山を楽しんでいます。ある時僕がノリちゃん（近藤教子さん）に夏の登山計画を話したら、一緒に連れて行ってくれと言います。なんでも、彼女のお父さんは登山家で、山の事故で亡くなっているのだそうです。そんなこともあり、登山には強い興味があったようです。その時僕は、北アルプスの奥穂高から北穂高の縦走を予定していました。聞くと、彼らは登山経験が無い全くの初心者なのです。いかに夏山とはいえ、初心者をいきなり穂高に連れてゆくのは無理です。もちろん断りました。しかし、どうしても連れて行ってくれと、引き下がらないのです。仕方なく、トレーニングをすることと装備を揃えることを条件に引き受けました。実際登ってみると、ノリちゃんのバランス感覚は抜群でした。奥穂から北穂へ向かう縦走路は急峻な岩場が多いのですが、ノリちゃんは少しも怖がらず平気で越えて行きます。登山家だったお父さんの血が流れているのでしょう。一方千代ちゃん（千代園剛さん）の方はでかい図体が災いして、危険な鎖場ではかなり苦労していたようです。それでも、山行中ずっと好天に恵まれ登山の楽しさや達成感を満喫した彼らは、以降八ヶ岳、荒沢岳など毎年僕の山行に参加するようになりました。そうこうしているうちに山仲間は増え、ＴＯＭＯこと天野友美《あまのともみ》さん他僕の主催する「にごゼミ」のメンバーも同行するようになりました。昨年は彼らと富士山に登りました。富士山は五合目までバスで行き、そこから登り始めるのが一般的です。しかし、どうせならと僕らは麓の富士浅間神社にお参りし、そのまま富士吉田の町から頂上まで登りました。実は僕は、それまで富士山に登ったことが無かったのです。長年登山をしてきたのに富士山は観る山と決めて、何故か足が向きませんでした。不思議なものです。しかしこの歳になって、日本一の山なのだから死ぬ前に一度は登っておこう、と思い直しました。訳あって、深いお祈りがしたかったのも一因です。富士山は山全体が神社、さらに言えば日本を守る神様です。下部の樹林帯から上部の砂礫の道まで、僕にとっては一歩一歩が全て感謝と祈りの歩みでした。瞑想の道でした。

井上靖のエッセイに『穂高の月』という一文があり、その中に「穂高星夜」という言葉が出てきます。穂高の山中で星空を仰ぎながら過ごす一夜のことです。井上が仲間と共に、穂高の星や月を愛でながら涸沢ヒュッテで一献傾ける、というとっても魅力的なお話です。今年の夏、僕はこれをやろうと思っています。アウトドアで遊ぶ仲間が増えたことは、僕にとってとても嬉しいことです。なにせ、一日の行動を終えて仲間と飲む酒は最高ですから。

この他にも、数えきれないほどの旅、登山、キャンプをしてきました。『よくそんなに遊んでいる暇があるね』と周囲から言われますが、自分でも全く同感です。でも周りが何と言おうが、これだけは止められない。もう70に手が届こうという歳の僕ですが、今でも日々のトレーニングは欠かしません。毎日5時前には起きて、小一時間ほど体を鍛えます。年寄りの冷や水と言われそうですが、いやいや、まだまだその辺の若い奴には負けないぞ、という心意気です。人生、死ぬまで勉強して、遊んで、恋をして、酒を飲んで……気付いてみたら死んでいた、なんて生涯を送りたいと思います。そして、きっとそうなると思います。

おわりに ～もう会えないあの人へ

その人とは、きっともう会えません。星野道夫と共に僕が敬愛して止まないその人。映像の人でした。音楽の人でした。そして、常軌を逸した鋭く美しい眼差しで森羅万象を見つめる人でした。僕の中では大きな星でした。その人は、70歳を過ぎた頃から少し言動がおかしくなりました。講演の席で、同じ話を何度も繰り返すようになりました。5分前に話したことを真顔で語ります。僕たち観客はハラハラしながら、司会者が何とか話を先に進める様子を見ていました。しかし、その人の中ではその日初めて話す大切なエピソードなのです。観客の様子に怪訝な顔をしながら、それでも話を続けるその人を見て、僕はとても悲しく、同時に無性に愛おしく思うのでした。あるイベントの席では、既に他界した関係者の名前を呼び、しきりに会場に探していました。そんな時僕は、その人を強く温かく抱きしめたくなるのでした。僕はある時、人伝にその人の所属事務所に提案をしてみました。下手に隠すよりもその人が軽度の認知症にあることを公表してはどうか、と。名の知れたその人が、仮に認知症であってもこんな素敵な仕事ができる、こんな興味深い話ができるという事実が、世の認知症の方や、それを支える家族のどれだけ大きな励みになることか。ちょっとくらいトチっても、少しくらい同じ話を繰り返しても良いじゃないですか。その人の映像や音楽は少しも色あせていないし、話の面白さも変わらない。だから隠して無理に繕うよりも、むしろ公にして、その事実も含めて作品の評価を頂いてはどうか、と。しかし、僕の提案は簡単に却下されたのでした。

その人を巡っては、一つ間違いない事実があります。それは、僕らファンはその様子を見ても、その人への敬愛の念は少しも揺るがないという事実です。当たり前と言えば当たり前なのですが、仲間たちとそれを確認できた時、やはり僕は嬉しかったのです。

そして僕です。僕は今年（2023年）69歳になりました。ここにきて不安なことがあります。実は、少しその人と似たような傾向が出てきたのです。流石に同じ話の繰り返しはまだ無いと思うのですが、記憶を保持できません。今聞いた人の名前を1分後には思い出せません。失礼なので何度も聞くこともできず、名前を呼べずに困ることがしばしばです。簡単な漢字を忘れてしまい書けない時もあります。記憶だけでなく、方向認知もおかしくなりました。初めての場所に行ったとき、来た道を間違え最寄り駅に帰れないことがあります。何度も行っている場所なのに、カーナビが無いと目的地に辿り着けないこともあります。大きなホテルに宿泊した際には、大浴場から自室に帰る時迷いました。そんな時、呆然と立ち尽くす自分がいます。そして、自分の未来の姿にワナワナと大きな不安を覚え愕然とするのです。少し大袈裟かもしれませんが、それは絶望に近い感覚です。話が飛ぶようですが、僕には行方知らずの教え子がいます。彼からは、とても多くのことを学びました。その彼が常々言っていた言葉。

「にごさん。人間にとって一番大切な能力って何だと思います。僕は不安と付き合っていく力じゃないかと思うんです。僕はそう思うんです。」

とても優秀なのに、いつもどこかに〝憂い〟を纏っているような彼でした。アメリカに行った話は聞いているのですが、果たして今、彼は世界のどこを歩いているのか。そして、いつかまた会うことができるのか。

記憶を失くしたその人の事務所には出入り禁止状態の僕ですが、でき得るならもう一度だけその人に会いたいです。僕のイメージの中の再会のシーンは、春の公園でその人の車椅子を押しながら僕はゆっくりと歩いています。散り行く桜の花びらを二人で観ています。言葉は交わさず、無言で桜の花吹雪を愛でているのです。そして僕は最後に一言感謝を伝えます。無言で感謝を伝えます。

監督、本当にありがとうございました。長い間ご苦労様でした。

不安と付き合っていく力がどれほどあるのか。今、僕の中でそれが試されているような気がします。

（この文章を書いた数カ月後、その人は予期せずして天に召されました。しかし当時の想いを大切にしたいため、この一文はあえてそのままにしました。）

このエッセイでは、僕が大きな影響を受けた人たちとの関わりを中心に、様々な自分の想いを綴ってきました。タイトルにある「龍星」は、龍村仁と星野道夫から一字ずつ頂いたものです。この本の最も根底に在った想いは、自身の〝揺らぎ〟でした。生きる上での羅針盤が欲しくて、時に「それを手にした」と思っても、やがてそれは砂のように僕の掌からサラサラとこぼれ落ちてしまう。完全な安心の境地にはなかなか至れず、どこか不安を抱きつつ、それでも生きる上での〝心の核〟を求め旅する日々。その旅はまるで螺旋《らせん》階段のようで、本当に登っているのか、この方向で良いのか、と自分に問い続けるような旅でした。でも、そんな自分を赦し、受け入れ、愛すること。そして、たとえ先は見通せなくても、その螺旋階段を登り続けること。それこそが人生だ、と最近の僕は思っています。龍村仁の言うように、人生の意味、人生の謎は無理に解ったつもりになることこそが、一番危うい。必要な時、答えはきっと思わぬかたちで向こうからやって来る、と思うのです。

また、教え子や仲間たちとの旅は、僕にとって自分を解放し、自分と対話できる貴重な時空でした。それらの日々は、日常の慌ただしさに埋没しそうな僕の精神を解放し、癒し、明日への新たな意欲をくれたのでした。自然の中で遊ぶ旅も、そして迷いながら歩く人生《たび》も、もう少し楽しみたいと願う今の僕です。

拙い文章に最後までお付き合いいただき、本当に有り難うございました。深く感謝致します。

謝辞

本書の出版にあたり多くの方々のお力添えを頂きました。

分けても、以下の皆さんには拙著の原稿をお読みいただき、推薦文、カバー絵、編集作業など多大なご尽力を頂きました。ここに謝意を表したいと思います。

東京大学名誉教授　矢作直樹先生は僕の依頼を快く引き受けてくださり、大変ご多忙の中、祝福の言葉と共に推薦文を書いてくださいました。

榎木孝明さんは俳優業という超過密スケジュールの中、本書を読んでくださり、やはり過分なお手紙（推薦文）を下さいました。

ばしこ画伯こと大屋詩織さんは、教職という大変な仕事を抱えながら本書のカバー絵を描いてくれました。

熊谷えり子さん他、でくのぼう出版の編集部の皆様のご協力が無ければ、この本を世に出すことはできませんでした。

この他にも多くの方々のご協力を頂き、自分史ともいえる本書が出版されたことは大きな喜びです。

そして何よりも、本書を最後までお読みいただいた皆様に深く感謝の意を伝えたいと思います。

本当にありがとうございました。

2023年　秋

濁川孝志

参考文献　（本文での掲載順）

・飯田史彦『生きがいの創造』（ＰＨＰ研究所）
・葉祥明『母親というものは』（学習研究社）
・矢作直樹『人は死なない』（バジリコ）
・星野道夫『星野道夫著作集 ４』（新潮社）
・星野道夫『星野道夫著作集 ３』（新潮社）
・鮫島純子『なにがあっても、ありがとう』（あさ出版）
・宮沢賢治『宮沢賢治全集 ３』（ちくま文庫）
・榎木孝明『30日間、食べることやめてみました』（マキノ出版）
・川竹文夫『幸せはガンがくれた 心が治した12人の記録』（創元社）
・鮫島純子『１００歳の幸せなひとり暮らし』（光文社）
・ジェラルド・G・ジャンポルスキー『ゆるすということ　もう、過去にはとらわれない』（サンマーク出版）
・矢作直樹、はせくらみゆき『大御宝としての日本人』（青林堂）
・龍村仁『地球交響曲《ガイアシンフォニー》第三番　魂の旅』（角川書店）
・稲盛 和夫『心。』（サンマーク出版）
・『致知』２０１６年2月号：「生命科学研究者からのメッセージ」（致知出版社）
・アーヴィン・ラズロ、ジュード・カリヴァン『ＣｏｓＭｏｓコスモス』（講談社）

・荻原孝一『定年後ヒーロー』(みらいパブリッシング)
・大郷博『CAMINO de ABRAM あぶらむへの道―その旅の途上で出会った人々―』(あぶらむの会)
・星野道夫『旅をする木』(文藝春秋)
・高野誠鮮『ローマ法王に米を食べさせた男』(講談社+α新書)
・石川拓治『奇跡のリンゴ』(幻冬舎)
・星野道夫『魔法のことば―星野道夫講演集』(スイッチ・パブリッシング)
・ジョーゼフ・キャンベル、ビル・モイヤーズ『神話の力』(早川書房)
・濁川孝志『ガイアの伝言―龍村仁の軌跡』(でくのぼう出版)
・龍村仁『地球《ガイア》をつつむ風のように』(サンマーク出版)
・濁川孝志『星野道夫 永遠《とわ》の祈り―共生の未来を目指して―』(でくのぼう出版)
・星野道夫『星野道夫著作集 2』(新潮社)
・星野道夫『星野道夫著作集 1』(新潮社)
・井上靖『穂高の月』(山と溪谷社)

参考DVD

・龍村仁監督　映画『地球交響曲第三番《ガイアシンフォニー》』出演 星野道夫、ナイノア・トンプソン他

・龍村仁監督　映画『地球交響曲《ガイアシンフォニー》第七番』出演 高野孝子、アンドルー・ワイル他

参考ウェブサイト

・【対談】長堀優、村上和雄「がんの神様ありがとう ～10万回のありがとうが がん細胞を消した～」（致知出版社）：https://www.chichi.co.jp/web/20180805nagabori-1/
・奇二正彦『スピリチュアリティと自然体験との関係』（立教大学学術リポジトリ）：https://rikkyo.repo.nii.ac.jp/?action=pages_view_main&active_action=repository_view_main_item_detail&item_id=19454&item_no=1&page_id=13&block_id=49

濁川 孝志（にごりかわ　たかし）

1954年、新潟県生まれ。
現職：立教大学名誉教授　博士（医学）
研究領域：トランスパーソナル心理学、心身ウエルネス、自然とスピリチュアリティ

著書に『星野道夫の神話』（コスモス・ライブラリー）、『星野道夫　永遠《とわ》の祈り』（でくのぼう出版）、『ガイアの伝言　龍村仁の軌跡』（でくのぼう出版）、『大学教授が語る霊性の真実』（でくのぼう出版）、『日本の約束　世界調和への羅針盤』〈共著〉（でくのぼう出版）、『新・コミュニティ福祉学入門』（有斐閣）、『ブラックバス問題の真相』（牧歌舎）など

龍星の羅針盤
～迷い迷いて螺旋の道を

二〇二三年 十二月二四日 初版 第一刷 発行

著　者　濁川 孝志
装　幀　熊谷淑徳
カバー挿画　ばしこ。
発行者　山波言太郎総合文化財団
発行所　でくのぼう出版
神奈川県鎌倉市由比ガ浜 四―四―一一
TEL 〇四六七―二五―七七〇七
ホームページ https://yamanami-zaidan.jp/dekunobou
発売元　星雲社（共同出版社・流通責任出版社）
東京都文京区水道 一―三―三〇
TEL 〇三―三八六八―三二七五
印刷所　シナノ パブリッシング プレス

ISBN978-4-434-33222-7